はじめに…

「花やハーブ、野菜を育ててみたいけれど、
庭がないから諦めるしかない」
「ガーデニングに興味はあっても、
なかなか時間がない」
そんなふうに考えている方は多いもの。
でも、もし自宅にベランダもしくは
テラスがあれば、またほんの少しでも
時間を捻出できるなら、この機会に
ガーデニングを始めてみませんか？
本書では最初にそろえるとよい道具や
寄せ植えのハウツーなど、
初心者に役立つ情報を詰め込みました。
楽しいベランダ&テラスガーデニングの
始まりに本書が寄り添い、
役立つことを願って……。

CONTENTS

CHAPTER 3

巻頭インタビュー

憧れのあの人の ベランダ＆テラス ガーデニング

植物に魅了されたふたりの著名人が、自宅のテラス＆ベランダガーデンを披露。現在進行形で楽しむ“植物がある暮らし”の魅力を余すことなくたっぷり伺ってきました。

INTERVIEW 1

フラワーアーティスト・前田有紀さんの植物のある暮らしの中で土作りの大切さを考える

フラワーアーティスト

前田有紀さん

PROFILE

テレビ局にアナウンサーとして約10年勤務したのち、修業を経て、フラワーアーティストとして独立。自身のフラワーブランド「gui」を主宰するほか、東京・神宮前でフラワーショップ「NUR」を運営中。また、2025年４月には鎌倉に新しいフラワーショップもオープン予定。

インスタグラム：@yukimaeda0117

我が家はリビングから続く場所に
ウッドデッキテラスがあり、その先に庭が。
テラスでは鉢植えのハーブを、
庭では地植えでさまざまな植物を育てています。
春はクリスマスローズや
レースフラワーが蕾を開き、
さらにはティーツリーやレモンなどの木々、
ローズゼラニウムなどのハーブも花を咲かせて、
庭はいっそうにぎやかな雰囲気になりますし、
秋から冬にかけては、レモンやユズなどの果樹が
実をたわわとみのらせ、
冬は常緑樹が青々とした葉を茂らせます。
そんなふうに季節ごとに多種多様の
植物を楽しめるのは〝土〟があってこそ。
今、私は鎌倉の地で土の重要さを日々感じています。

どんな場所でも植物を身近に楽しむ生活を

1. 植物の剪定中のひとコマ。お世話は植物をよく観察し“適期”を見逃さないことが肝心だとか。前田さんは「庭作りはいつも実験のようだし、正解がない。だからこそ、楽しいんです」とも話します。**2.** 今年もユズは豊作で、ご近所さんへお裾分けも。無農薬なので、安心して皮ごと使用したジャムなどを作れるのがうれしいそう。

イギリスで触れた植物のある暮らしに感銘を受けて……

現在の鎌倉の住まいで、植物のある暮らしをして8年目。私はかつてテレビ局でアナウンサーとして多忙な生活を極めていましたが、当時の楽しみが〝切り花を飾ること〟。最初は1輪、しだいに2輪、その後はたくさんの種類の花と変化していき、ついには「自分で土から育ててみたい！」と思うまでに。そんな夢を抱きながら、5年ほどの準備期間を経て、花の道へと舵《かじ》を切りました。イギリス留学時代にはロンドンでアーバン農業やスモールスペースで緑を楽しむことを学び、コッツウォルズ・グロセスター州では古城で見習いガーデナーとして働きました。イギリスの「老若男女、誰もがどんな場所においても〝植物のある生活〟を楽しむ」という文化は、その後の私の活動に色濃く影響していると思います。

自然の摂理や循環を知ると、虫や鳥が敵ではないとわかる

我が家の庭は、〝自然の力〟でよい庭になることを目指しています。いい意味で、ほったらかし（笑）。植物には化学肥料を使いません。米のもみ殻やとぎ汁、コーヒーかす、ウッドチップ、枯れてゴミとなった切り花など、そういったものを肥料にしています。落葉樹の落ち葉も土の養分になってくれるので、基本的にそのまま。今後は落葉樹をもっと増やしたいと考えています。そして、いつか鶏も飼いたいと思案中。鶏のフンも有機物として植物の成長を助けてくれますから。ほかにも増えすぎた虫を食べてくれたり、もちろん卵も産んでくれたり。ちなみに植物を育てるうえで、虫は切り離せない存在です。ミミズやダンゴムシがいるから、よい土ができるわけで。そんなふうに虫と土の関係を知ったり、自然界のバランスを俯《ふ》瞰《かん》して見られたりしたら、虫を大敵とは思わなくなるもの。鳥も同様ですね。

1.庭にある南アフリカ原産のツツジ科の植物“エリカ”。乾燥に強く、ピンクの小さな花が枝にびっしりとまとうように咲くのが特徴です。「植物の世界は奥深く、経験を積んでも飽きることはありません」と前田さん。　2.庭はサルスベリやレモンなどの木々も豊富。「次男が赤ちゃんのころ、ぐずるといつも抱きかかえて、『レモンのいい香りをかぎにいこう～！』と木のそばへ。葉をちぎるとさわやかな香りがするので、次男も喜んでくれて」と当時を振り返ります。

コンポストの土を混ぜる作業は今や日課。「ベランダでは園芸店で売っているコンポストバックから始めるのもおすすめですよ」。

土作りを通じ植物のみならず環境や食も考える

我が家はコンポストで土作りに取り組み中。

当初、土作りをするつもりはなかったのですが、「植物を土に返す」ことを考えたら、コンポストにたどり着きました。コンポストはゾーンを6つに分けて、1日1ゾーンずつ野菜や果物の皮などの生ゴミを混ぜ込んで。そうすると、時期にもよりますが、1週間ほど経過したころには生ゴミが土に返っています。コンポストを始めてから、毎朝庭に出る習慣ができました。子どもも土いじり感覚で混ぜるのを手伝ってくれます。テラスや庭に出ることで、植物を以前よりもよく観察するようになり、結果的にハーブの鉢植えや庭がよい状態をキープできるように。また、自分たちが毎日どれだけのゴミを出しているかを把握することで、フードロスや環境問題への関心がより出てきました。

行き着く場所は良質な土作り

コンポストを通じて自然のバランスや循環を感じる毎日

1

2

3

1.使用しているコンポストは大型＆ボックスタイプのキエーロというもの。雨が直接当たらないように、そして、太陽の光を取り入れるべく、フタ部分は透明仕様に。「生ゴミを分解する微生物のために、土は温度を上げる必要があり、太陽の光を取り入れることが重要なんです」と前田さん。　**2.**庭の木の剪定などで出た枝。可燃物として処分せず、細かくカットしてウッドチップとして活用。土にまくと、栄養になってくれます。　**3.**コンポストで作った良質な土で、最近はダイコンやサトイモ、ジャガイモを栽培。ダイコンは葉部分もみそ汁に入れておいしくいただきます。皮はまたコンポストへ入れて循環させて。

手軽に育てるなら鉢植えのハーブから

テラスで育てているイタリアンパセリなどのハーブの鉢植え。前田さんいわく、「生活に直結する植物を育てるのは、とても楽しいもの。手軽に栽培できるうえに料理に生かすこともできるから、初心者の方もハードルが低いはず」。

1. ハーブは１種類ずつ鉢で育てると管理が簡単だそう。前田さんのハーブ鉢はお子さんのペイントがよいアクセントに。　**2.** 使用頻度の高いガーデニング道具はスコップや土入れ、剪定バサミ。ハサミは切り花の茎や木のやわらかい枝を切るとき、木のかたい枝を切るときのシーン別に２種類を使い分けて。

室内にも至るところに植物を

2

1. チューリップは品種により、ねじり開く花弁の形や配色が個性的で、本数を絞っても十分存在感あり。「複数種をミックスするのもいいけれど、種類別に飾るのが好きです」と前田さん。　2. 下向きに咲く花がユニークで、来客の目を釘付けに。

1

4

3

3. キッチンにはラナンキュラス ラックスやアリウムなどの花をはじめ、シダやユーカリなどのグリーンも飾って。花瓶はオランダの伝統ガラス工芸の技術を生かした吹きガラスの「フィデリオ」のものなど、40個ほど所有する中からセレクト。　4. ご自身で制作したミモザのスワッグはドライにしても楽しみます。

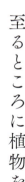

INTERVIEW 2

モデル・kazumiさんの 都会で楽しむ 植物のある暮らし

たくさんの植物を育てている我が家。
訪れる方々からは
「家が生きている」「生命を感じる」などの
言葉をかけていただくことがあります。
そういっていただけるのはとても嬉しいですし、
私自身もこの家で過ごすなかで、
元気になれる場所でありたいと思っています。
植物は一度元気がなくなった子も
手をかけてあげれば、再び元気に。
植物の種類によっては、
水やりの頻度や与える水の分量が違うなど、
まだまだわからないこともたくさんあります。
でも、「この子は数日に1回でいいけれど、
あの子は毎日水を飲む子だよね」とか、
「土が乾いているから、
そろそろ水が飲みたいよね？」なんて会話をしながら、
それぞれの植物との距離を縮めていく。
まるで人間のよう（笑）。
こんな暮らしが今の私には、
最高に楽しくてしかたありません。

モデル

kazumiさん

PROFILE

ファッション誌やライフスタイル誌などの雑誌や広告などで活躍中。アパレルブランドとのコラボレーションも。YouTube「kazumi room」では、自らのライフスタイルやファッションについても発信している。
インスタグラム：@kazumi0728

※着用衣装のSHOP LISTとCOSTUME CREDITは127ページにあります。

植物は家族。毎日気にかけています

お世話をしている時間が今では最高の癒やし

2

1

4

3

Balcony &
Terrace
Gardening
Interview

2

kazumi

1. サンルームは全体のバランスを考えています。ハンギングを駆使してスペースも有効活用しています。 **2.** 就眠運動（夜になると葉が閉じる）が特徴のエバーフレッシュをはじめ、カラテア マコヤナなどをバランスよく置いて。「これ以上、植物を増やすと引っ越しが大変なので、グリーンの収集はほぼ終止符を打ちました（笑）」とkazumiさん。 **3.** 鉢やプランターはブラックやホワイトなどのベーシックカラーをベースに。無機質になりすぎないよう、個性的なデザインの鉢で遊び心をプラス。鉢は主に園芸ショップや「HEY」などのインテリアショップ、ネットショップで購入。 **4.** モンステラやゴムノキなど、葉が大きいものも。

一辺倒ではなく それぞれの子に 合わせたお世話を

以前住んでいた家にも観葉植物はありましたが、現在の住まいに1年半前に引っ越してきてから、植物にすっかりハマってしまいました。この家はたまたまの巡り合わせで、サンルームがあって。1鉢置いてみたら、もう1鉢置きたいという気持ちになっていき、毎週のように夫婦で園芸店へ。その時期にちょうどフィンランド取材の仕事があり、建築家のアルヴァ・アアルトが手がけた建物と植物の世界観にすごく魅了されて。それからさらに植物への熱が高まりました（笑）。ちなみに前の家からもってきたエバーフレッシュは枯れて葉が落ちてしまっていたんですが、このおうちに連れてきたら見事に復活！ 植物には心地のよいおうちのようです。

水やりは葉に１枚ずつ、霧吹きで水を吹きかけるなど、植物によったお世話を。「夫が私以上にお世話に夢中なこともあり、夫婦で楽しくやっています」とkazumiさん。

年を重ねるほどに植物への関心が高まる

若いときはモデルの仕事に集中していて、植物になかなか目が行かなかったんですが、年々年を重ねてきて、植物への関心がぐんぐん高まってきて。自分の中では植物を育てたり、花を飾れたりするのは、自分の心に余裕がないとできないことだと思っていたので、そこに関心をもてるようになったのは私も少しは大人になったんだなと。また、元気のバロメーターでもあるかなと思います。元気がないと、植物や花のお世話はできないですよね。

我が家には中庭やテラスがあって、そこでは大物の鉢植えや花の寄せ植えなどをしています。野菜の栽培はもっと年を重ねてから夫婦で畑を借りて挑戦しようと考えているので、目下、花の寄せ植えに興味津々です。自己流ですが、すでにいくつか寄せ植えを作って飾っています。

室内に飾る花は「ウルス」のフローリスト・佐々木洋聡さんに定期的に依頼。来客の予定があるときやイベントごとがあるときは、私から希望のイメージやカラーをお伝えし、それに合った花をいろいろ見繕っていけてもらっています。それ以外の日は近所にあるフラワーショップで買った花を自己流でいけています。玄関には高確率で香りを放ってくれるユリをセレクトします。お客さまも自分自身もおうちに足を踏み入れた瞬間にリラックスできるような心地のよい空間づくりを心がけて。そんなことを意識して花やグリーンを日常に取り入れています。

マーガレットやビオラなどの花を大鉢に単植したり、寄せ植えしたり。今後はより本格的に学び、寄せ植えの数を増やしたいとか。

植物のあるテラスで愛犬と過ごす休日

都心にいながらにして、植物をとおして四季を感じられる自宅のテラス。kazumiさんは「植物に囲まれたなかで、愛犬のカブキと過ごすのが至福のときです」と話す。

自宅の随所にすてきな花やグリーンを

食卓が楽しくなるよう、ダイニングテーブルの上には花がマスト。ラナンキュラスやバラなどにユーカリなどのグリーンを合わせ、かわいいけれど、甘くなりすぎない雰囲気に。花器はイタリアのムラーノガラスのもの。

3

1

2

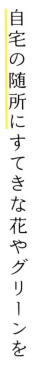

愛用のガーデニンググッズ

（右ページ）
1. ダイニングにあるキャビネットの上にはアスティエ ド ヴィラットのお香立てやキャンドルなどと一緒に水耕栽培の植物を。このときはムスカリやヒヤシンス、ミニチューリップなど。 **2.** ミモザやユーカリなどの丈のあるものと、マーガレットなどの草花の２つを並べて。 **3.** サブバスルームは、湿気が少ないうえに日当たりもいいので、多肉植物をたくさん配置。以前は多肉植物にあまり関心がなかったものの、最近は小さい芽が出ているなどのちょっとした変化に日々ときめきます。

2

1

4

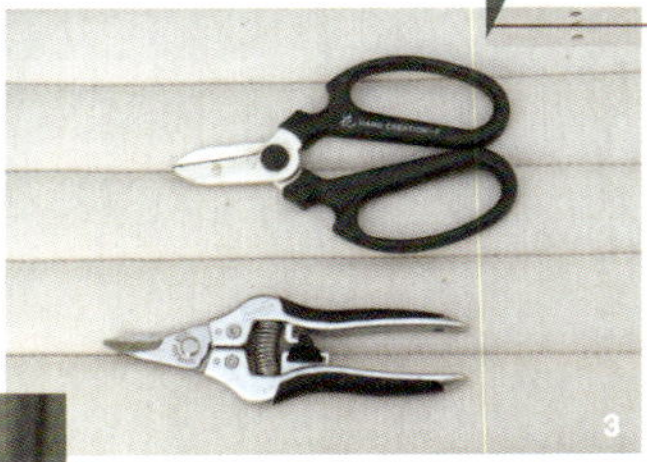
3

6

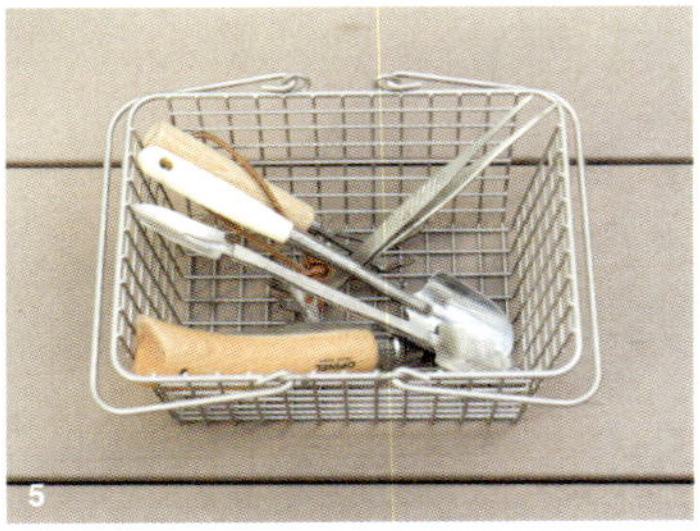
5

1. 水やりグッズはエヴィーカのジョウロ、ワンプッシュで微細ミストが広範囲に出る霧吹き、ブリキ製の水差しを使い分け。 **2.** スコップなどのツール。大きなスコップ風ちりとりは土を運ぶときなどにも便利。 **3.** ハンドクリエーションの花切りバサミは定番だけれど、文句なしの使いやすさ。剪定バサミも必須。 **4.** グローブやアームカバーなど。軍手はよく見ると、犬の顔が（笑）。 **5.** ダルトンのガーデニングブランドであるボタニーのミニハンドフォークやオピネルの折りたたみ式ガーデンナイフなど。細々したものはスチールバスケットに収納。 **6.** 以前、植物がうどんこ病にかかったことがあるので、予防は念入りに。使いやすさから、スプレータイプの薬剤を使用。

CHAPTER 1

今すぐマネしたいテクニックも満載！

大好きな植物があふれた我が家のベランダ＆テラス

ベランダ＆テラスガーデニングを楽しむ8人の
リアルガーデンをご紹介します。
みなさん、それぞれに独自のテーマやこだわりをもち、
そしてなんといっても花やハーブ、野菜への確かな愛が。
十人十色のガーデニングライフは見応えたっぷりです。

達人のベランダ&テラスガーデニング実例集

四季折々の花や植物、野菜などに囲まれて暮らす
８人のベランダ&テラスガーデンをご紹介します。
美しい花を咲かせるために、おいしい野菜を実らせるために
愛情を込めてお世話をするみなさんのエピソードは必読。

#OI

東京都
稲川麻果さん

10㎡の面積＆エアコンの室外機が４機あるベランダでも工夫を凝らしながら、ガーデニングを楽しんでいる。指導員として、子どもたちに園芸をレクチャーする活動も。
インスタグラム：@rose365days

ベランダガーデン歴 ― 7年
ベランダの広さ ― 約10㎡
向き（方角） ― 東

可憐なバラが咲き乱れる都会のオアシス

思う存分ガーデニングができるベランダを探して

2014年ごろから自宅のマンションの専用庭でガーデニングを始め、現在の住まいでのベランダガーデニングは2018年秋から。今の地域に引っ越すことが決まってから、夫の勤務地、子どもたちの通学を考慮しつつ、ガーデニングができることを条件に日当たりぐあいなども加味して、マンションを探しました。ガーデニングで心がけているのは、ベランダの元の造りを生かすこと。手すりが黒なのですが、それをウッドフェンスやラティスフェンスで隠すのではなく、あえて見せるスタイルで。立体感や高低差を意識したレイアウトも心がけています。シーズンによっては10種類以上のバラが咲いて、さながらバラ園のような空間に。

初夏と秋は多種多様なバラの競演に心躍る

1. イングリッシュローズの中でも最も華麗なバラのひとつ、アブラハムダービー。香りは強めです。　**2.** アルカーナは大輪で色の濃淡が美しい！　ラテン語で「神秘的」や「謎」という意味をもちます。　**3.** 灰色を帯びた茶色がかったピンクの、いおり。雨にも強く、切り花にしてももちがよいです。**4.** ジュビリーセレブレーションは、オールドローズとモダンローズを交配してできた系統のバラ。ボリュームのあるドーム型が持ち味です。　**5.** 春一番の花は赤紫色、二番花から夏の花は赤みが強くなるルタンデスリーズ。　**6.** 真夏にも咲くグレイス。弁先は外側に反り返る剣弁なのが特徴です。

こんな楽しみ方も…

バラは切り花として、室内に飾って。そのために葉ものとして使える樹木も育てています。例えば、ユーカリやメラレウカなど。

バラのシーズンが終わったら寄せ植えにシフト

バラのシーズン以外にも、ほかの花を楽しんでいます。アネモネやブルーデージー、ストック、ルピナスなど、色とりどりの花の寄せ植えが多め。ベランダに一歩出れば、そこはまるで花畑のよう。

植物は自分の人生の中に不可欠な存在

都心でガーデニングをする、ましてや自家用車なしでというのは、とても不利で困難なこと。実際、電車で行ける園芸店にも限りがあります。広大な土地と庭をおもちの方からすると、「ベランダでガーデニングなんて！」と思われるかもしれません。でも、この地域で暮らすと決めたのは自分自身なので、今ある環境の中で楽しむほかありません。自分にとって、植物は共に生きるもの。静かにそこにいて寄り添ってくれる存在であり、それでいて必ずリアクションを返してくれます。ベランダガーデニングは生活そのものなのです。ガーデニングは常に未来を見ている趣味。1週間後、1カ月後、3カ月後と未来に向かってお世話することは、心身も前向きになる気がします。

寄せ植えはさまざまなスタイルで楽しんで

くすみカラーのパンジーなどで
大人かわいい寄せ植えに

3

2

1

1. ホワイト系の花をハンギングリースに。 2. ビオラをブリキのバケツ缶に植えつけ。 3. ビオラやパンジーなどはアンティーク風にペイントしたコンテナで、ボリュームある寄せ植えに。

4

グリーンの中で
実の鮮やかなレッドが映える

4. チェッカーベリーを使い、クリスマス用のミニ寄せ植えを。 5. ハボタンのヴィンテージベインなどのリーフをメインにして。 6. ヒヤシンスの寄せ植えは、取っ手つきのバスケットに。

パープル×グリーンの配色で
落ち着きのあるリースに

5

6

こんな楽しみ方も…

プラスチック製の鉢は特有の存在感が気になり、周りの景色となじむようにペイントすることも。ターナーのミルクペイントforガーデンを塗るだけながら、アンティーク風に。

#02

熊本県

Rikaさん

“手作り”を大切にベランダガーデニングに励む４人姉妹のママ。ベランダのみならず、室内のインテリアを選ぶのも好きで、セルフリノベーションもお手のもの。
インスタグラム:@r_6 cafe

ベランダガーデン歴 ― 8年
ベランダの広さ ― 約20㎡
向き（方角）― 南

天空に広がる ガーリーカントリー 秘密基地

ルーフバルコニーには色鮮やかな花×真っ青な空の絶景が

２０１８年の春ごろからガーデニングを開始しました。きっかけは熊本地震で被災したあと、自宅をセルフリノベーションするようになったこと。もともと花が好きだったこともあって、ルーフバルコニーもＤＩＹでアレンジするようになったのです。我が家のガーデンのテーマはプライベート感満載のルーフバルコニーを生かした〝秘密の花園〟。持ち味は見晴らしがよく、開放感がある点だと考えています。昼はテラスとして、夜はラウンジのような楽しみ方が可能。ルーフバルコニーのガーデンフェンスはすべて手作りです。自分で作るとサイズや色など、好みのテイストに作れるのが魅力なのです。ベンチ型プランターは既製品を参考に見よう見まねで作り、ガーデンのアクセントにしています。

鮮やかな花々に囲まれながら過ごす至福の時間

休日はガーデンでお茶とケーキを楽しむ

2

1

1. DIYが好きで、ベンチ型プランターも手作り。カラフルな配色にして、ガーデンのよいポイントに。 **2.** ガーデンテーブル&チェアを出して、ティータイムを楽しみます。天気がよい日には山が見えることも。

4

3

3. 自作のウッド棚にはさまざまな植物を飾っていて、多肉植物もたくさん陳列。 **4.** 花は高低差をつけたり、柵にハンギングしたりして、どこからでもよく見えるように。

花や野鳥を見ている時間が最高のリセット時間に

こんな楽しみ方も…

ガーデンにはかわいい野鳥が遊びに訪れることが。冬から春はメジロのつがいが常連。半分に切ったミカンを置いておくと、おいしそうに食べていきます。

1.夏はビオトープも配置して。メダカが気持ちよさそうに泳いでいる姿を見ると、暑くても涼やかな気分になれます。　2.ガーデン用のパラソル＆リクライニングチェアを用意。ここから花はもちろん、青空や山を眺めるひとときは大切な時間になっています。

花を育てる楽しみが毎日の生活を彩ってくれる

ガーデニング作業はもちろん、ティータイムや夏はビオトープのメダカ観賞も楽しみな時間。草花はすべて鉢植えで管理しているので、夏は水ぎれしないように朝夕の水やりを行うのがひと苦労です。そのため、できるだけ、最初から暑さや寒さに強い草花を選ぶように。花は近くの園芸店やホームセンターで選んでいます。実際に目にして気に入ったものを選びたくて、ネットショップは未経験。ガーデニングを始めてから、「花をいとおしむ時間をもつためには、心も体も健康でなくてはいけない」と思い、自然と規則正しい生活になりました。そして、花を育てる楽しみは自分の栄養剤となり、何気ない日常を幸せなものに変えてくれた気がします。

動物のオーナメントを配置して森のような雰囲気に

1.アンティーク風の鳥かごにはビオラなどの寄せ植えを入れて。鳥やウサギの置物などもプラスして、メルヘンな世界観に。 **2.**DIYで作った車輪つきウッドコンテナ。そのまま飾っても寄せ植えをしても。 **3.**陶器のおうちオブジェも大小サイズ違いを並べて。ミニサイズのウサギの置物もちょこんと置いて、多肉植物の寄せ植えをさらにかわいく。 **4.**アンティーク風チェアの上には、純白の花びらが可憐なクレマチスのカートマニージョーの鉢植えを。手前にはリスの置物もプラスして、遊び心を演出。

千葉県

ぴーちゃんさん

＃03

マンションで植物のある暮らしを送る。夫、6歳の娘、4歳の息子との4人暮らし。園芸知識も豊富で、植物に関するウェブメディアでコラムを執筆している。
インスタグラム：@pichan_desu

ベランダガーデン歴 — 4年
ベランダの広さ — 約15㎡
向き（方角）— 南東

四季折々の花を楽しめるとっておきのベランダガーデン

ヨーロッパの田舎のような景色を目指して

本格的に始めたのは2021年の春ごろ。コロナ禍のステイホーム中に観葉植物にハマり、家の中にスペースがなくなったことで、外のベランダに進出したのがスタートです。ガーデンのテーマは「ラスティックガーデン」。ラスティックとは英語で「素朴な」や「田舎風な」という意味があります。まさに我が家はヨーロッパの田舎のような風景を目指しています。マンションのベランダのため、ルールはきちんと守りつつ、ご近所に迷惑をかけないようにすることをなによりも大切に。大型台風が来る前は事前に片づけることも鉄則です。屋根があるので、日差しが一般的な庭と比べ少ないのは悩ましい点ですが、工夫しだいで乗り切っています。

ガーデンには色とりどりの花が勢ぞろい

スイセンはデルナショーのほかに、タヒチという品種も。南国風な雰囲気の大輪の花を咲かせます。イランイランのような香り。

真っ赤なチューリップと、透明感のあるホワイトカラーが美しいデルナショーという品種のスイセンです。

緑化マットには地植えのようにさまざまな植物を植えたり、鉢植えを無造作に置いたりして。車輪などのアクセントも。

シクラメン、チューリップはシックなカラーで。ビオラのヌーヴェル・ヴァーグ ラピスラズリは、絶妙な青紫色。

SNSに投稿する写真を撮影することで、ガーデンのさまざまな表情を楽しめるように。目線を少し変えるだけでも、バラの見え方が違って楽しい！　日々、新たな発見があります。

常にバリエーション豊かな花がお目見え

1.春の終わりから初夏までベランダを彩り続けてくれたラグランジア クリスタルヴェール。病害虫に悩まされることもなく育てやすいアジサイでした。 **2.**夏の最強花といえるロベリアのスカイフォール。ふわふわとしたかわいい花で、しかも咲き終わった花びらが落ちないのが◎。 **3.**奥のアプリコット色のバラはグランドダッチェスルイーズ。この品種に出会ったことで、バラにハマったといっても過言ではありません。 **4.**シクラメンは冬から春まで長く咲き、夏を経て秋に土がえしたら、冬にまた咲いてくれました。 **5.**冬から春に咲くクリスマスローズ。可憐な雰囲気がたまりません。 **6.**ラナンキュラスのラックス グレーシスとアリアドネ。ひと鉢から花束のようにボリュームいっぱいに！

Balcony

実際に自分が育ててわかることがたくさんある

何をしても枯れる相性が悪い植物があれば、何にもしなくてもよく育つ相性がよい植物もあります。育てる人、環境によって大きく変わることを日々痛感中。気になるさまざまな植物を育ててみると、自分に合う植物がだんだんわかってくるような気がします。「一度、枯らしてしまったから……」と諦めるのはもったいない。きっと、どんな人にも〝自分に向いている植物がある〟はずです。私はズボラな自分には絶対育てられないと思っていたバラに見事にハマり、そして想像以上に丈夫できれいに咲いてくれることを知りました。また、ずっと興味がなかったシクラメンのかわいさにもある日ふと気づき、我が家のベランダに欠かせない花になりました。

花のお世話は
子どもも大好きなひととき

1

2

1. 球根花が咲き乱れる春のベランダ。花のお世話が大好きな娘もうれしそうな表情です。 **2.** ラナンキュラスのラックスが満開に花を咲かせる様子は、ずっと見ていられるほど美しい！ ベランダが花畑のよう。 **3.** 息子もジョウロで水やりのお手伝いを。日々、植物に触れることで、自然の大切さを身近に感じてくれているはず。

こんな楽しみ方も…

アジサイの花びらが散ったシーンをたまたま目に。あまりにきれいで、思わず写真撮影を。自然が生み出す予期せぬシチュエーションや色みなどはガーデニングをやっていてよかったと思う瞬間です。

3

#04

福岡県

杉本　さなえさん

花や少女、動物などをモチーフにした物語性のあるイラストレーションを制作するイラストレーター。バラを中心にベランダガーデニングを楽しんでいる。
インスタグラム：@s_s_daily

ベランダガーデン歴 — 15年
ベランダの広さ — 約6.5㎡
向き（方角）— 南西

手を入れすぎずに自然の姿を程よく残した気持ちのよい場所に

バラだけでなく、ほかの植物も青々と元気に育つのが理想

20代後半のころに庭のある借家に住んだことをきっかけに、宿根草やハーブ、野菜を育て始めました。その後、マンションに移り住んでからは宿根草がメインの鉢栽培に。その後、複数回の引っ越しを経てもガーデニングは続けていて、バラ栽培を本格的に始めたのは今のマンションに引っ越してからです。バラもほかの植物も青々と元気に育ち、でもベランダ全体は清潔でこざっぱりしていることが理想です。通気性がよくなるよう、鉢は高い位置に置くように。こうすると、植物の生育の様子がよく見えるうえ、作業もラクな姿勢で行えてよいのです。その植物やバラが我が家の環境に合うかどうか、特性や成長サイズをよく調べてから購入することも大切にしています。

グリーンの中で色とりどりのバラがポイントに

過酷な環境でも育つもの、その中から自分が本当に好きになれるものだけを選び、数をあまり増やさないように。賃貸マンションなので、花や枯れ葉は散る前に早めに摘み取り、掃除はまめに行うことも大切にしています。

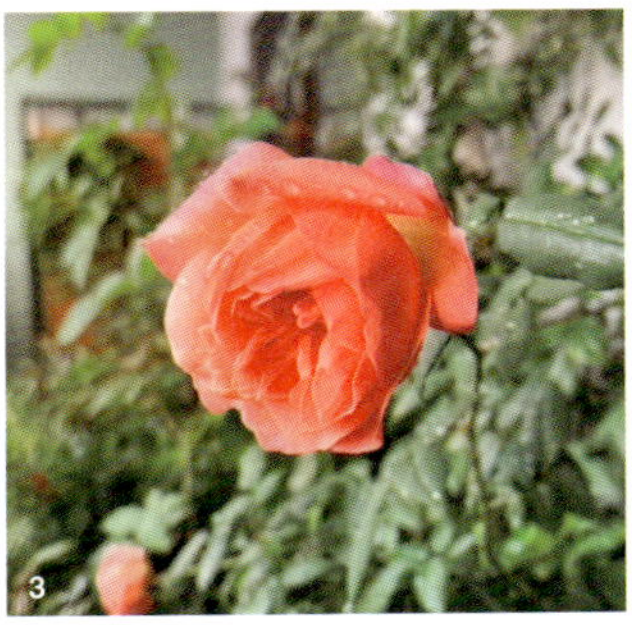

1. 大好きなレディ ヒリンドンという品種は、温かな明かりみたいな雰囲気のバラ。 **2.** アルシデュック ジョセフは、花の両端が表や裏にくるんと巻くのが特徴。花に厚みが出て立体的に見えます。ギフト用のラッピングリボンのようにも。 **3.** クレメンティナ カルボニエリはあたたかみのある複雑な色合いが魅力的なバラ。

ベランダで育てたバラは部屋にもさりげなく飾って

ピークを過ぎたバラは摘み取り、好きな花器に入れて部屋に飾ります。たった一輪でも、そばに行くとよい香りがして癒やされるもの。

過酷な環境でも15種類ものバラを栽培するまでに

暖地の今のベランダは南西向き。分厚いコンクリートの腰壁の高さは125㎝あり、日当たりと風通しがあまりよくなくて、夏になるとベランダ内の温度は50度くらいまで上がります。今までいちばん過酷な環境で、4年前に越してきた直後はたくさんの植物を枯らしてしまいました。それまで〝なんとなく〟植物を育てていたのですが、それをきっかけに園芸を勉強し直して、〝なぜそうするのか〟と科学的な根拠を踏まえて試行錯誤するように。おそるおそる育ててみたバラのナエマが初めて花をつけ、その香りをかいだときの感動は忘れられません。そこからバラ栽培に夢中になりました。じりじり増えて今はオールドローズを中心に15種類のバラを育てています。

お手入れをしながらバラと対話を

在宅で仕事をしているうえに家事と育児に追われる日々なので、外出もままなりません。そんななかでも、植物による“変化のある世界”が目の前にあることはありがたく、重要な癒やしにも。

1

2

3

1.切り戻しをしたバラ。バケツに無造作に入れられたその姿さえいとおしい。 **2.**ガーデニングの道具は竹かごに入れて。取っ手つきで持ち運びもしやすく、さっと使えて便利です。 **3.**レディ ヒリンドンとスヴニール デリーゼ ヴァルドン。真冬ギリギリまで、つぼみをつけてくれました。

こんな楽しみ方も…

シモツケはこれまで早めに刈り込んでいたので、真冬にこんなふうに紅葉するとは知りませんでした。日々の中にこんな思わぬ出会いがあるのが、植物と暮らす醍醐味なのかもしれません。

#05

埼玉県
細矢 美由樹さん

ベランダガーデニングはもちろん、インテリアやお菓子作りなどが好き。ハーブコーディネーターの資格を所有し、可能な限り、無農薬にこだわってハーブを育てている。
インスタグラム：@miyuki_petitapetit

ベランダガーデン歴 ― 25年
ベランダの広さ ― 約13㎡
向き（方角）― 南

DIYを随所に取り入れた フレンチシックを 目指したガーデン

ベランダガーデンを〝セカンドリビング〟として楽しむ

ガーデニング自体を始めたのは30年以上前のこと。結婚後、小さな庭のある一軒家に住んでいたころですが、ベランダガーデニングという意味では社宅アパート時代からになるので25年ほど前からです。母譲りの花好き、そして、子どもが生まれ、家にいる時間が増えたことで、おうちでの日々の暮らしを気持ちよく過ごしたいという思いから、自然と始めるに至った気が。ベランダガーデニングのテーマは〝セカンドリビング〟。リビングからのつながりを大切にしています。部屋から季節の花々を眺めたり、気軽にベランダに出てのんびりティータイムを過ごしたり、リビングに直結しているベランダだからこそその楽しみ方ができるようにしています。

心地よい風に吹かれ、レースカーテンがふわりとそよぐ初夏のベランダガーデン。グリーンが映えるよう、テーブル＆チェアやウッド柵などをホワイトで統一しています。

どこを切り取っても大人かわいい雰囲気を

1. ビオラやスイートアリッサムなどをバスケットに寄せ植え。大人かわいい表情を演出できるうえに移動もラクでおすすめです。 **2.** DIYした格子窓の外側。窓の前にはパイン材の折り畳めるラックを置き、ホースリールや鉢植えを収納して。 **3.** ペールグリーンの収納棚はDIYで作ったもの。グリーンの植物とホワイトのチェアやジョウロなどと好相性です。 **4.** 一気にフレンチシックな雰囲気を格上げしてくれる車輪をプラス。 **5.** お手製のホワイトのウッド壁の前には満開のバラ。ホワイトの一重咲きのバラはサニーホームズ、ピンクのバラはボニカ82。 **6.** ミニバラの寄せ植え。真上から見ると、横から見るのとはまた違うかわいさがあります。

ベランダでのティータイムが至福の時間

Blissful

1. 植物は日々の暮らしを楽しく、心を豊かにしてくれる存在。育てた植物に囲まれてのティータイムは最高のひとときです。このときはフレッシュハーブを入れたエンゼル型スコーンと紅茶を。 **2.** フチンシア・アイスキューブとラベンダーの鉢植えを前にお茶を楽しんで。 **3.** テーブルにバテンレースのクロスをかけ、優雅なティータイム。ベランダのグリーンに広場のケヤキの木の新緑も相まって、清々しい雰囲気です。

こんな楽しみ方も…

お菓子作りが趣味なので、家族の誕生日にはホールケーキを手作り。もちろん、ベランダで育てたハーブや小花をあしらってかわいく。このケーキは娘の誕生日用です。

手作りを生かし ホワイトでまとめた 統一感あるガーデン

朝の水やりついでに花やハーブを少し摘んできて、部屋に飾るのは日々の日課。また、フレッシュハーブを混ぜ込んだ生地でスコーンを焼くなど、趣味のお菓子作りにもベランダで育てている植物は欠かせません。また、DIYが好きなので、ベランダのベースになるウッドデッキやフェンスなどの大きな部分は手作り。リビングとのつながりを考えてベースカラーは、ホワイトでまとめています。そのため、数年に1回はペイントし直すなど、メンテナンスは必須。お気に入りはアンティークのアイアン飾りをポイントに使った壁面です。リビングから続く庭やテラスのような雰囲気に仕上げて。ベランダガーデンはそんなふうに自分のこだわりを詰め込んだ、とっておきの場所です。

雰囲気のある缶やポットを鉢として活用

3

2

1

1. ワイルドストロベリーは紅茶缶に植えて。 **2.** ブリキの取っ手つきの鉢にはグリーンのバラのエクレールがメインの寄せ植えを。 **3.** ホウロウのやかんやブレッド缶、ナチュラル素材のバスケットなど、さまざまなものを鉢代わりに。

5

4. 鉢の材質や色もガーデンの雰囲気を大きく左右するので、木箱を作ったり、色が合わないものはペイントしたり、空間になじむように考えて手を加えて。ホワイト系を中心に植物がナチュラルに映えるように工夫しています。 **5.** DIYで作ったウッドシェルフもホワイトカラーにペイント。ここは主にハーブゾーンにして、ミントやディル、イタリアンパセリなどを栽培しています。ホワイト×グリーンのコントラストがさわやか。

4

#06 多肉植物を主役に好きなものを集結させた空間

神奈川県

mikaさん

園芸店での勤務経験をもちながら、自宅で多肉植物を栽培。過去にはハンドメイド作家として、リメイク鉢などを作製していた経験も。現在はペイントした鉢などを自身で活用。
インスタグラム：@m365.garden

ベランダガーデン歴 ― 12年
ベランダの広さ ― 約7㎡
向き（方角）― 南

板壁の前には丸椅子やウッドボックスなどを配置し、高低差を設けて。これで日当たりや風通しがよくなり、多肉植物が育ちやすい環境を実現しています。

板壁を設置し多種多様の多肉植物をディスプレー

友人から多肉植物をもらって、「こんなかわいいものがあるのか」と衝撃を受けたのが12年前。その後、まずは多肉植物を少しずつ育てることから始め、インスタグラムを始めたと同時にベランダガーデンも作り始めました。我が家はマンションですが、ベランダはとても広め。そのため、ホームセンターで木材を買ってペンキで色を塗り、それを組み立てて板壁を作り、ベランダに立てかけて、多肉植物などを並べています。

多肉植物を入れている鉢は自身で作製したものや作家さんのものなど。鉢選びも楽しんでいます。また、多肉植物の置き場所は種類により、雨ざらしゾーン、屋根のあるゾーン、日陰ゾーンと、種類の特性によって置き場所を変えるなどの対応も怠りません。

季節によって表情が変化するのも楽しみ

2

1

4

3

こんな楽しみ方も…

DIYが得意なので、鉢をリメイク。空き缶や素焼き鉢をあえて古く見せるよう、ペイントでさびをつけるエイジング加工を施して。

1.ベランダの腰壁ガラスの前に自作の板壁を設置し、多肉植物コーナーを。リプサリスやハチオラやレッドベリーなど、数えきれないほどの種類を配置して。台風の際はすべての鉢を自室内に移動させるので、毎回ひと苦労だけれど、これもかわいい子たちのため(笑)。 **2.**クラッスラ属のブロウメアナは、生育スピードが比較的速くてどんどん増えて広がります。グラウンドカバーとして育てるのにもぴったり。 **3.**秋になると、多肉植物も少しずつ色づきます。 **4.**理想的な木立状になってきたピーチプリティは、園芸店で一目惚れして我が家に仲間入り。秋には大きくて丸い葉がピンクに。

室内から多肉植物と青空の競演を眺めて

窓を開けっぱなしにして、リビングのソファやダイニングテーブルからベランダを眺める時間は至福のとき。所狭しと並んでいる多肉植物ですが、それぞれに思い入れがあります。

枯らすなどの失敗した経験は成長の糧に

自分にとって緑のある暮らしは、人生になくてはならないもの。「Life with green」をモットーにし、植物のお世話は生活の一部になっています。これまでさまざまな植物を育て、失敗を重ねて今に至りますが、その失敗を経験してこそ少しずついろいろなことがわかるようになったり、今なおわからないこともあったり……。

　実はマンションの大規模修繕の際、南向きの我が家のベランダですら日が当たらなくなって、7割の植物がダメになり、また改めて植物を育て直すはめになったことがあります。そんな経験から得たのは、「失敗は悪いことばかりではなく、自身の成長の糧」だなということ。この思いを忘れず、楽しく植物を育てていけたらと考えています。

多肉植物は色も形も個性豊かなのが魅力

つぶつぶ&プニプニの葉が印象的なブルービーン。特徴的な青い色調をキープするには十分な日光が必須です。作家さんのユーズド風のリメイク缶に植えて、日の当たる場所へ。

1. ベンケイソウ科クラッスラ属の舞乙女。小さく、肉厚な葉を左右交互に展開し、上に伸びます。 **2.** 南アフリカが原産のパープルヘイズ。名のとおり、パープルカラーの葉がトレードマーク。緑の多肉植物の中でひときわ目を引きます。

3. パクパクと魚が口を開けている姿から、その名がついた碧魚連（へきぎょれん）。鮮やかなピンクの花がかわいい！ **4.** 虹の玉はメキシコ原産のベンケイソウ科セダム属の多肉植物。秋から春の寒い時期には、葉が赤く色づきます。夏には黄色の花もお目見え。

緑色の小さな玉が連なったグリーンネックレス。寒さに弱くはないので、秋冬も外で管理しています。塊根植物は秋冬に限り、室内に取り込み、専用棚に並べて育成ライトのアマテラスLEDを照射するように。

#07

大阪府
春日英子さん

平日は仕事で忙しく、ベランダ菜園のお世話は週末に。コンポストを利用するなど、ナチュラルな栽培に取り組む。収穫したハーブの活用もお手のもの。
インスタグラム：@estar.margaret

ベランダガーデン歴 — 5年
ベランダの広さ — 約10㎡
向き（方角） — 南

年間をとおして野菜が収穫できるとっておきのベランダ菜園

ベランダの小スペースでも十分に野菜は育てられる

2020年春、新型コロナの感染症拡大で外出ができなくなった時期に、唯一買い物に行けたホームセンター。そこでハーブを見たのがきっかけで、ベランダ菜園をスタートさせました。もともと、水耕栽培にも興味があり、はじめはキッチンハーブや葉もの野菜を中心に苗を買って栽培を。ベランダは畑と異なり、栽培空間が限られているので、いかに小スペースを有効活用するかが重要。同時にくつろぎ空間のスペースも確保したかったので、インテリアにもこだわりながら、ラックなどを活用しました。また、ポットやプランターの色はカラフルにして気分が上がるように。さらにホワイトにはハーブ、グリーンには野菜などと色分けもしています。

新鮮な葉物野菜やハーブが盛りだくさん

発芽してから収穫までの成長を日々見守って

ハーブはクレソンやバジル、チャービル、マジョラムシリアカ、クリームベリーミント、グレープフルーツミントなど栽培。

エコモットの袋鉢は通気性も保湿性も高く、持ち運びも簡単。サラダケールなどの葉が大きく育つタイプの葉物野菜を栽培中です。

わが家のガーデンラックは葉物野菜がたくさん。特にコマツナはワサワサ育ってくれています。ほかにはミズナやアレッタなど。

ベランダの壁面ガラスも有効活用。100円ショップのワイヤーラティスを2枚つなげて固定し、プランターを複数掛けて。

ベランダにウッド製のガーデンラックを複数配置し、常時合計40種類以上の野菜とハーブを栽培。農薬は使わず、酢酸スプレーなどを活用し、ナチュラルに育てています。

1. ミニトマトは１房にたくさんの実が。灰色かび病から持ち直して、こんなに元気に復活してくれたので感慨ひとしお。　**2.** トウガラシはタネをまいてから70日ほどで赤く。乾燥させておけば、料理に大活躍します。　**3.** キュウリも大きく育ちました。程よく摘芯をしたことが功を奏した気が。　**4.** スーパーレッドという品種のミニキャロットは甘みが強くて、そのままポリポリ食べられちゃいます。葉もシュンギクのような味わいで美味。　**5.** 冬はミニダイコンも。サイズが小さいので、ペットボトルを鉢代わりにして手軽に栽培できました。　**6.** カリフラワーは頂花蕾を摘芯すると、側枝からポコポコと花蕾が。最終的にりっぱに育ちました。

Vegetable

自分で手間暇かけ収穫した野菜のおいしさは格別！

ベランダ菜園をやっていてうれしいことは、時間をかけて育てた野菜を収穫できる瞬間。収穫したてのキュウリを初めて食べたときは、その甘さとみずみずしさに驚き感動したものです。農薬不使用&収穫したての新鮮な野菜を食卓で食べられるのは安心なうえに、食べる分だけ収穫することでフードロス対策もかないます。たいへんなことは害虫対策。ベランダなので、大きな害虫はいないものの、アザミウマの被害に遭ったことが。発見が遅れ、バジルやピーマンが全部ダメになってしまったときは、とてもショックでした。それ以降、スマホで拡大して葉裏をこまめにチェック。早期に発見すると、駆除したり、洗い流したりして被害が少なくてすむので、頑張っています。

さまざまなハーブたちもすくすくと成長

2

1

1.寒い冬を乗り切ったハーブたち。3月になって新芽も出てきました。より元気にさせるために、セージは新芽の上でバッサリと剪定を、ミントとオレガノは株分けを。 **2.**ホワイトセージやバジル、ローズマリーなどのハーブ類。健やかに育つよう、赤玉土や腐葉土などを自分でブレンドした土を使っています。栽培したハーブを積極的に取り入れるようになり、自律神経が整ったのか、かぜはめっきりひかなくなって健康体に！ **3.**プランターでのイチゴ栽培も5年目に突入。冬の長い休眠を経て春に実がなるのが毎年楽しみです。

3

こんな楽しみ方も…

収穫したハーブはさまざまな形で楽しみます。これはハーブ＆チーズのオイル漬け。細かく刻んだお好みのハーブとフェタチーズ、ニンニクなどをオリーブオイルに漬けるだけ。

#08

非公開

Hayaoさん

山間のスウェーデンハウスで、家族３人暮らし。野菜作りなど、“手作り”を楽しむライフスタイルが注目され、YouTubeやお手製の雑貨の販売サイトも話題に。インスタグラム：@hayao_house

ベランダガーデン歴 — 5年
ベランダの広さ — 約25㎡
向き（方角） — 北東

ベランダでの野菜作りは親子の大切なコミュニケーション

年数がたっても飽きるどころか楽しくなる一方の野菜作り

味気なくて殺風景だったベランダを少しでも癒やしの空間にしたいと思い、5年ほど前から始めたベランダ菜園。YouTube撮影をしていることもあり、野菜や植物を育てる様子を記録すべく力が入り、気がつけば、「これもやりたい、あれもやりたい」と意欲がむくむくと湧いて、今に至ります。現在の家には引っ越してきたばかりなので、今後は少しずつ自分らしさを反映した菜園を作っていきたいもの。目指しているのは、見ているだけで心が温まるような、ホッとする雰囲気のベランダです。野菜作りは手間がかかるうえ、天候や水やりのタイミングではプレッシャーを感じることも。だからこそ、「できる範囲で楽しむ」ことを大切に。

子どもは大人が考える以上に洞察力が鋭いもの。親子で野菜や草花を育てていると、思いもよらぬ新しい発見に気づかせてくれます。

手がかかるほどいとおしくなる
野菜の苗や土たち

3

2

1

6

5

4

1.「育苗が８割」という話があるように、野菜は苗を育てることこそ重要な作業。温度などに気を使いながら育てていきます。 **2.** 水耕栽培のバジル。水に入れておくだけで、切り口から再び根が出てくるほど、とにかく元気です。 **3.** 野菜のタネをいろいろまき、芽が出たところ。タネから育てるのはコツが必要だけれど、経験が増えて近頃は自信がついてきました。 **4.** かわいらしいピーマンの芽。ガーデンピックには英語表記で野菜名を記せば、おしゃれなルックスに。 **5.** キュウリは苗とタネのどちらにも挑戦。これはタネから発芽させたものです。 **6.** スタックストーのハンドルつきバケツは別売りのフタをつければ、スタック可能。土を種類別に保管しています。土は自分で試行錯誤して配合し、どれがいちばん合うか実験中。

大きなキュウリ、
とったどーー!!

水やりなどのお世話を一緒に頑張った息子。収穫したキュウリを手に満面の笑みを見せてくれました。

野菜作りは子育てと同じく〝初めて〟が多い

無理をしすぎないために取り入れていることはさまざま。例えば、忙しい日や外出が続く場合を想定して、給水式プランターを使う。育てやすい野菜や難しそうなものは苗から始められる種類を選ぶ。害虫対策にはコンパニオンプランツを活用。マリーゴールドやバジルは優秀な働きをしてくれます。こうした工夫をじょうずに取り入れることで、無理せずに楽しく、野菜作りを続けられています。

タネから大切に育てた野菜が実ったときの喜びは、言葉にできないくらいの感動。前日まで小指ほどの小さいサイズだったキュウリがその翌日の晩には収穫できる大きさに急成長しているなど、野菜を育てていると〝初めて知ること〟が山ほどあるのです。

Vegegarden

ベランダに一歩出れば
大人も子どもも日々
勉強や成長できる場が

1. ベランダにチェアを出して野菜のお世話を。無事に実を収穫するために日々勉強が必要だけれど、それすら楽しい。 **2.** 山は天気が変わりやすいもの。雨の中、作業をしていたときには、家から「パパ、がんばってー！」と息子の姿が（笑）。

リビングから見えるベランダの景色。地植えでなくても、コンテナでも野菜はのびのび元気に育ってくれています。夏は特に野菜の種類も多く、収穫が楽しみ。

我が家の夏はミニトマトを存分に堪能

1. カメムシ被害に遭ったときは殺虫剤を使わず、ナチュラルなものをいろいろと試して。コーヒーを薄めたものをスプレーしたら、しっかり効果が得られました。 **2.** 毎日のように成長を観察していたからか、息子は喜んでミニトマトを収穫。 **3.** 昨年の夏はミニトマトのほか、ピーマンなどが豊作。フルーツはブルーベリーなどもよくとれました。

こんな楽しみ方も…

収穫したミニトマトをはじめ、ハラペーニョ、紫タマネギ、ケチャップ、レモン汁、オリーブオイルなどを入れてサルサソースを手作り。バジルソースもお手製です。

野菜作りが身近になったことで、好き嫌いがなくなった息子。農薬不使用の野菜は親としても、安心して食べさせられます。

この日は、ミニトマトはもちろん、キュウリなどを使って、トーストの上に“はらぺこあおむし”を再現。

CHAPTER 2

そろえる道具から花の植え方ハウツーまで網羅

ベランダ&テラス
ガーデニングの始め方

いざ、ベランダ&テラスガーデニングを始めるとなったら、何からそろえたらいいのかなど、わからないことは多いもの。そこで、必要な道具をはじめ、花やリーフの植え方ハウツー、苗の購入時に参考にしたい花カタログなど、お役立ち情報を余すことなくお届けします。

ベランダ＆テラスガーデニングの基本
守りたい7Rules

マンションなどの集合住宅の場合、
ベランダ＆テラスでガーデニングを行う際に
守るべきルールがあります。
緊急時の避難に関わることもあるので、必ず守りましょう。

ルールを守って安全に楽しくベランダ＆テラスガーデニングを

ベランダやテラスを自分の好きな空間に仕上げていくのが楽しいガーデニング。でも、注意しなくてはいけないことも。室内の延長線上にあるベランダやテラスなどは専有部分と考えがちですが、実は共用部分なのです。これは共用の廊下や階段、踊り場などと同じ扱いをすべき場所ということ。それゆえ、緊急の際の避難経路としてあけておく必要があり、避難経路を遮るものを置くことは消防法で禁止されています。しかし、ベランダやテラスは〝専用使用できる共用部分〟という位置づけのため、共用部分でありながらも所有者は自由に使用できる空間。「避難の際のじゃまになるようなものを置かない」などの規約は厳守して。

Rule 1

マンションの管理規約を確認する

国土交通省の「マンション標準管理規約」をもとに作成された「マンションの管理規約」。快適な住環境を確保することを目的にマンションごとに規約が設定されています。ベランダに関する規約もあるので、ガーデニングを始める前に必ず確認を。

Rule 2

避難ハッチをふさがない

火災などの緊急時にはエレベーターを使用できなくなる可能性が高いため、ベランダに設置された避難ハッチ（避難器具）は非常に大切なツール。いざというときに迅速に使用できるよう、ハッチ上には重量のあるプランターなどは置かないで。

Balcony & Terrace Garde

Rule 3

水やりの際は階下や道路に水を飛ばさない

何気なく水やりをしたら、階下のベランダに干してあった洗濯物や布団をぬらしてしまったり、道路を歩いている通行人に水がかかってしまったりするケースも。ベランダにつり下げている鉢は面倒でもいったん外して水やりを。

Rule 4

隣家との仕切りの前に物を置かない

隣の住人のベランダとの間に設置されている隔て板（蹴破り戸）の前に物を置くのもNG。ラティスなどの大物資材を設置する際はもちろん、鉢やプランターを並べる際も、いざというときのことを念頭に置いたうえでレイアウトして。

Rule 5

ベランダの手すりの外側に鉢・プランターをかけない

狭いベランダのスペースを有効活用するために鉢やプランターをつり下げている人も多いでしょう。ただし、ベランダの腰壁の外側にはハンギングをしないで。万が一、落下して通行人にぶつかるなどしたら、たいへんな事故に。

Rule 6

台風・暴風雨対策は念入りに行う

天気予報で事前にわかる台風・暴風雨の際はベランダの鉢やプランターを固定したり、一時的に室内に移動させたりして。高層階の場合は普段から想像以上に風が強いため、飛ばされにくい重量のある鉢を選ぶほか、固定する工夫を。

Rule 7

排水口は定期的にきちんと掃除をする

掃除を怠り、ゴミが詰まると、雨水などの水が逆流してお隣のベランダに流れてしまったり、悪臭を放ってしまったりすることも。このようにベランダの排水口はトラブルになりやすいので、2週間に1回程度のペースで定期的に掃除を行うのが理想です。

教えてくれたのは…

垂井 愛さん

Profile

カラーコーディネーター、ハンギングバスケットマスター。東京・世田谷のプロトリーフ二子玉川本店での寄せ植えワークショップなどが人気。インスタグラム：@ai.innocent_flower

ガーデニングを始める前に用意したい基本アイテム

初心者はガーデニングを始める際に
何から用意すればいいのか悩みがち。そこで、
ガーデニングのプロに基本アイテムをはじめ、
注意したいことなどを聞きました。

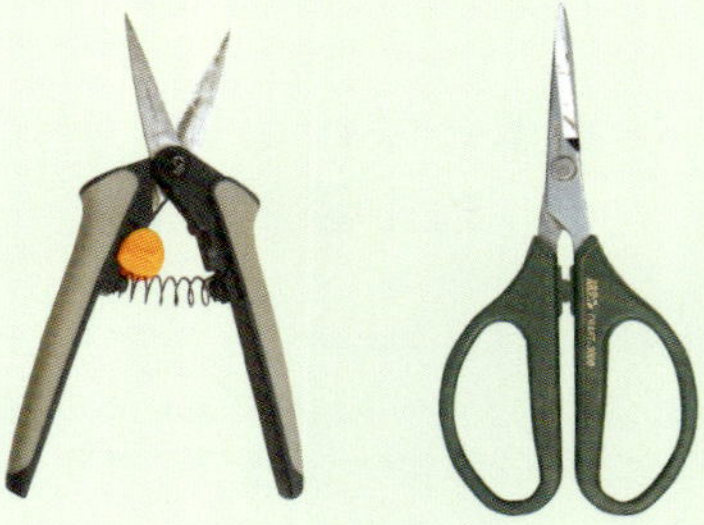

ハサミ

花がら摘みや切り戻しなどに使う園芸バサミ（右）と木の枝などを切る剪定バサミ（左）の２本持ちがおすすめ。

鉢・プランター

置く場所や植える苗の数などで素材やサイズは選んで。軽量で耐久性のある樹脂加工のものは定番人気。

バケツ

ポットから抜いた苗や植えかえの土を入れるなど、ひとつもっていると重宝。軽くて口の広いものがよい。

ジョウロ

散水面積や収納場所などにもよるけれど、容量は３～６ℓがおすすめ。ハス口が脱着できるタイプが便利。

基本アイテムをそろえてしまえばその後がスムーズ

最初に用意しておきたい基本アイテムは「土を掘る」「植物を切る」「水やりをする」の作業に必要なもの。具体的にいうと、スコップやシャベル、ハサミ、ジョウロなどです。作業時は土や葉などが散らかりがちなので、園芸シートを敷くのがおすすめ。新聞紙やレジャーシートでもよいけれど、フチがある園芸シートのほうが飛び散り予防の効果が高いもの。１００円ショップなどで手に入ります。また、グローブは爪に土が入るのを防ぐほか、刃物や薬品、害虫などから手を守ってくれる役割もあるので、ぜひ着用するようにしましょう。ガーデニングに慣れてくると、使用するアイテムへのこだわりが出てくるはず。適宜アップグレードしてみてください。

園芸シート

寄せ植えなどの際は土が散らかるので、フチ付きの園芸シートを敷いて。最近は折り畳タイプもあり。

グローブ

土の掘り返しなどには専用のグローブがお役立ち。トゲのある植物を扱う際は丈夫な革製のものを。

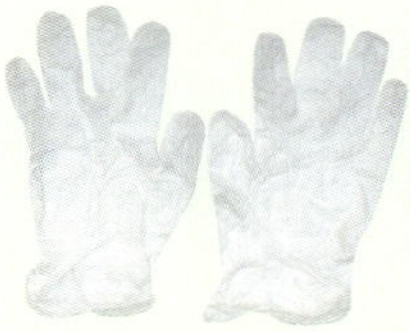

ビニール手袋

土を触ると手が荒れがち。寄せ植えでの細かい作業などでは、手にフィットする薄手のビニール手袋が最適。

ぞうきん

汚れたテーブルの上などをきれいにするのに必要。使い捨てのウェットティッシュなどでも代替可。

ミニほうき&ちりとり

寄せ植えなどで土や細々した植物の葉などが散らかってしまったときに便利。扱いやすいミニサイズで。

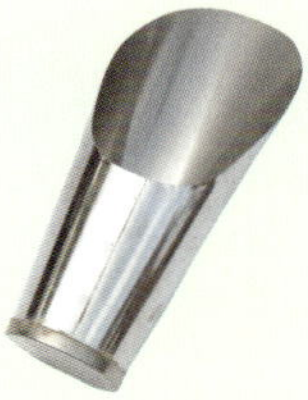

土入れ

スコップやシャベルでもよいが、土入れなら細かい場所にも土を入れやすい。大小セットで販売されている。

鉢底石、培養土

培養土は用土や肥料がブレンドされた土。鉢底石は排水性に加え、鉢に隙間をつくり、酸素供給が可能に。

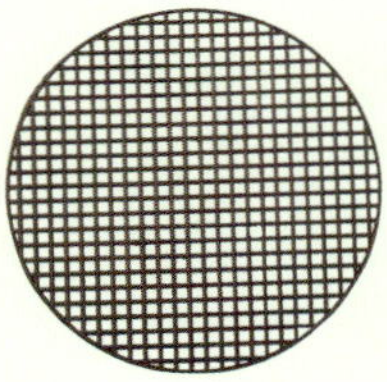

鉢底ネット

鉢の底穴から土がもれたり、ナメクジなどの虫が侵入するのを防ぐ。大きい場合は鉢底のサイズに合わせて切って使用。

プラスチック容器

寄せ植え作業の際、培養土や鉢底石などを入れておく用におすすめ。持ち運びやすい軽量のものがベスト。

さらにあると便利！

サンダルは耐水性&脱ぎ履きが簡単なものを。作業で洋服が汚れることもあるので、エプロンもあると安心。シザーバッグも携帯すれば、剪定時などにハサミをサッと使えて◎。

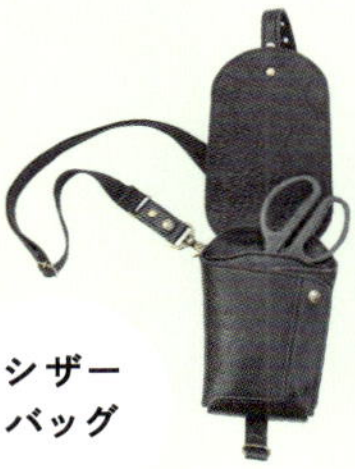

シザーバッグ

エプロン

防水サンダル

ベランダ&テラスの空間づくりに おすすめの資材

ベランダ＆テラスガーデニングを行う際に
考えたいのが床や壁の資材。スペースを有効活用したり、
日光の照り返しを緩和したりと機能面でもよいことがあります。
編集部おすすめの資材をご紹介。

ウッドパネル

床面はコンクリートのことが多いベランダ＆テラス。夏は日光の照り返しが強く、冬は冷気を放ちやすいもの。そのため、ウッドパネルを敷くのがおすすめ。

ベランダ＆テラスの床面に敷くだけでおしゃれに早変わりするウッドデッキ。木材は風合いのあるアカシアを使用。ジョイント式で簡単に設置可能。約30㎝×30㎝。アカシアウッドパネル ダークブラウン 327円

砂利

ベランダ＆テラスの床面に敷いてもGOOD。国産から海外産まで、石の種類や色もさまざま。模様替えのように選ぶ楽しさもあり。

現地から直輸入したイタリア産の砂利。淡いピンクと赤色が混ざったような美しい色みで、床に敷くだけでエレガントな雰囲気に。1㎡あたり約６袋が必要。約10kg入り。ロッソヴェローナ 877円

床材を敷くだけで 環境もよくなり、 雰囲気もおしゃれに

ベランダ&テラスの空間をより快適におしゃれにするなら、資材を賢く取り入れるのが賢明です。まずは夏の日光の照り返しが強く、冬の放射冷却が気になる〝床〟から。鉢植えの植物の生育に悪い影響があるので、ぜひ予防や改善に努めて。簡単にできることは、床にウッドパネルや敷石などを敷くことです。これで直置きの鉢への悪影響を緩和できるでしょう。床材により、雰囲気はガラリと変わります。ウッドならアンティークやナチュラル、石ならモダン、テラコッタタイルなら地中海のムードに。次にラティスフェンス。賃貸の集合住宅の場合、壁面に穴をあけず、壁に立てかけて棚で押さえたり、建築用の強力接着テープで固定したりして。

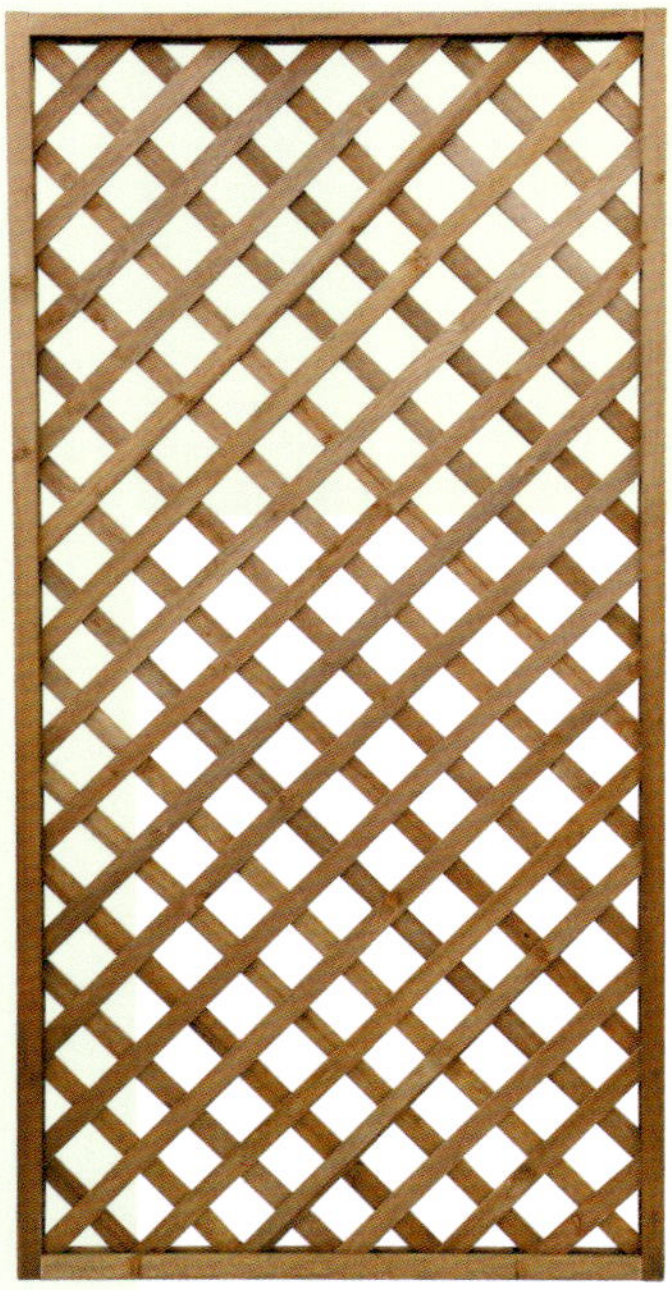

ラティスフェンス

木製のラティスフェンスはベランダの壁に立てかけたり、エアコンの室外機を隠したり、アレンジしだいでさまざまな使い方が可能。サイズやデザインの種類なども幅広い。

〈右〉防腐加工ずみの木製ルーバーラティスフェンス。気になる視線のシャットアウトにも。幅90㎝×高さ60㎝×厚さ3.4㎝。防腐ルーバーラティス ダークブラウン 3278円
〈左〉防腐加工済みのスタンダードサイズの木製ラティスフェンス。幅90㎝×高さ180㎝×厚さ3.4㎝。防腐ブラウンラティス 3278円

敷石

ベランダ＆テラスの床面に敷くだけで、雰囲気がガラリと変化。コンクリート製だからこそ表現できる色や形も魅力のひとつ。高級感のある石畳調や、ナチュラルテイストとの相性のよいレンガ調など多彩。

複数の色使いがおしゃれなコンクリート製の敷石。９枚の石がナイロンひもでつながっているジョイントタイプなので、施工しやすい。１㎡につき、約５点必要。横45㎝×縦45㎝×厚さ３㎝。ユニオンスクエア 1848円

レンガ

大きさも風合いも多種多様。ポイント使いで床に置いたり、仕切りとして使ったりして。また、レンガを重ねて棚にしたり、鉢受けにしたりと、工夫すれば使い道はいろいろ。

程よい色ムラでヴィンテージテイストのレンガ。ベランダ＆テラスでのポイント使いなどにおすすめ。幅６㎝×長さ20㎝×厚さ５㎝。アントワープ ペイバー アルマーダ 198円

ガーデンテーブル＆チェア

ベランダ＆テラスが一気にリラックス空間＆おしゃれにグレードアップするアイテム。テーブルはガーデンパラソルを差せるパラソルホイール付きがおすすめ。

〈右〉光に当たるとキラキラと美しいモザイクタイルがポイントの折り畳みチェア。幅38㎝×奥行き37㎝×高さ88㎝。モザイクチェア折り畳み式（キラタイル）8778円 〈左〉天板にモザイクタイルを配置したテーブルはパラソルホイール付き。幅60㎝×奥行60㎝×高さ70㎝。モザイクテーブル(キラタイル)直径 60㎝ 9878円

※すべてジョイフル本田の商品になります。
SHOP LISTは127ページにあります。

初心者でも育てやすい花の選び方

花を選ぶ際は自分の好みを優先するのがいちばんだけれど、
他にも注意しておきたいことが。
ここでは初心者でも育てやすい花を選ぶポイントをご紹介します。

3つのPoint

美しい花をより長く楽しむためには最初の花選びが要に

ベランダやテラスでのガーデニングは花の配置を考えたり、ラティスフェンスなどのガーデニンググッズを使ったりして、工夫しだいで自分だけのすてきな空間をつくりやすいもの。また、多くのベランダには屋根がついているため、夏は過度な日差し、冬には雪や霜から花を守ることもできます。季節を問わず、強い雨や冷たい風を避けられるのもメリット。そのため、夏でも冬でもそれなりに花を楽しむことができますが、ベランダの向きやライフスタイルによって、花選びには留意を。日当たりの悪い北向きなどのベランダの場合は日陰でも育ちやすい花を選んだり、留守が多い生活の人は水やりの頻度が少なくても育てやすい花を選んで。

Point 1

夏の暑さや冬の寒さに影響されにくい花を選ぶ

初心者は管理のしやすさを考慮して、気候に左右されにくい丈夫な花を選ぶのがベター。例えば、夏の暑さや冬の寒さに強い一年草など。特に暑さに強いのは、ペンタスやニチニチソウ、コリウス、トレニア、アンゲロニアなどです。

Point 2

乾燥に強い＆水やりの管理がしやすい花を選ぶ

実際に花を育ててみると、水やりが面倒になるという人も。初めからズボラな性格を自覚している、留守が多い人などは比較的暑さに強く、乾燥気味でもよく育つ花を選ぶのがいいでしょう。例えば、エキナセアやサルビア・ネモローサなどを。

Point 3

ガーデニングの大敵である病気や害虫に強い花を選ぶ

ガーデニングにとって、厄介な存在はアブラムシなどの“害虫”。初心者は初めから害虫を寄せつけにくい花を選ぶのがよさそう。おすすめはキク科のマリーゴールドなど、香りの強いものです。

寄せ植えの際は… 開花時期が同じ花をセレクト

ご紹介した3つのポイントのほかに意識したいのは、開花時期が同じ花を選ぶこと。これにより、花期が長くなり、寄せ植えを長く楽しめます。園芸店では基本的に開花時期が同じ花の苗が陳列・販売されているので、そこから選べば問題なし。

人気の花カタログ

初心者さんはどの花を植えようか悩みがち。ここでは、鉢&プランター栽培で人気の花をご紹介します。

※苗の植えつけ時期は地域や環境などで前後することがあるため、あくまでも目安としてください。

アジサイ

アジサイ科

世界で広く親しまれている日本原産の落葉低木で、梅雨時に咲く代表的な花木。丈夫で育てやすく、乾燥に気をつければ鉢植えもOK。

苗の植えつけ時期:11～3月

イベリス

アブラナ科

春に白やピンク系の小花が咲く。種類によって一年草と多年草があり。草丈は20～60cm。耐寒性と耐暑性ともにすぐれ、育てやすい。

苗の植えつけ時期:3～4月、10～11月

オダマキ

キンポウゲ科

日本原産のミヤマオダマキや西洋オダマキが有名。5～6月ごろに直径3㎝ほどの独特な形をした紫やピンク、白、黄色の花が咲く。

苗の植えつけ時期:2～3月、9～10月

アネモネ

キンポウゲ科

園芸品種として多く出回っているのは「アネモネ コロナリア」。花色は赤やピンク、紫色など、カラーバリエーションが豊富。

球根の植えつけ時期:10月下旬～12月

クリスマスローズ

キンポウゲ科

ヨーロッパ発祥の冬に開花する多年草。寒さや乾燥、日陰に強い。うつむいて咲く。日本では「冬の貴婦人」と呼ばれる。

苗の植えつけ時期:10～3月

エキナセア

キク科

花の中心部が球状に盛り上がり、そのまわりに細長い花弁が放射状に広がる。花色はピンクや赤、白、オレンジ、黄色などと多彩。

苗の植えつけ時期:4～5月、10月

スイートアリッサム

アブラナ科

白色やピンクの小花を密につけ、ほんのりと甘い香りが特徴。毎年花を咲かせる多年草だが、高温多湿に弱く、日本では一年草扱い。

苗の植えつけ時期:3〜5月、9〜11月

カレンデュラ

キク科

品種数も多く、草丈や花の大きさ、花弁数も多様。黄やオレンジ色の暖色系の花が長期間咲く。薬用や料理の着色料としても有名。

苗の植えつけ時期:5〜6月

ガーデンシクラメン

サクラソウ科

冬から春にかけて花が咲く。花色は赤やピンク、白、紫など。耐寒性もあり、初心者にも育てやすい。花がら摘みは忘れずに。

苗の植えつけ時期:10月中旬〜11月中旬

ゲラニウム

フウロソウ科

春から夏の時期にかけて花をつける多年草で、耐寒性が高く育てやすい。「フウロソウ」とも呼ばれる。花色は紫やピンクなど。

苗の植えつけ時期: 10〜11月、3月

カリブラコア

ナス科

ペチュニアに似た小輪花を、長期間咲かせる。花は鮮やかなピンク、青、黄、オレンジ色など。4〜11月までと開花期が長い。

苗の植えつけ時期:3〜9月

チューリップ

ユリ科

球根から育てるほか、芽出し球根苗からも育てられる。花形も一重咲きや八重咲き、フリンジ咲き、ユリ咲きなど豊富。

球根の植えつけ時期:10〜11月

サルビア

シソ科

世界に900以上の品種が存在。草丈は20～160㎝ほどで、花は細長い穂の形で、色は紫や赤、ピンクなど。

苗の植えつけ時期:5～6月

スイセン

ヒガンバナ科

ラッパスイセンや房咲きスイセンなど、複数の咲き方がある。少し甘みのあるものからスパイスのようなものまで、香りもさまざま。

球根の植えつけ時期:9月下旬～11月中旬

ジニア

キク科

別名は「ヒャクニチソウ」。鉢やプランター栽培に適した矮性《わいせい》の品種が多く流通。開花期間が長い。直根性で移植を嫌う性質もあり。

苗の植えつけ時期:5月～7月中旬、9月

スカエボラ

クサトベラ科

オーストラリアが原産で、暑さに強い多年草。5～11月にかけて開花。病気や虫に強く、翼や扇が広がったような花形が印象的。

苗の植えつけ時期:4～5月

ストック

アブラナ科

開花期が長く、初心者にも育てやすい。多彩な色とやさしい香りも魅力。多年草だが、日本では暑さに弱いために一年草の扱い。

苗の植えつけ時期:8月上旬～10月

センニチコウ

ヒユ科

花に見えるのは丸い苞(ほう)と呼ばれる葉の一部。5～11月にこの苞の隙間から小さな花が咲く。暑さと乾燥に強く育てやすい。

苗の植えつけ時期:5～8月

パンジー

スミレ科

ヨーロッパに自生する一年草。耐寒性にすぐれ、冬でも花が咲く。花色は紫や青、赤、ピンク、白、オレンジ色など、バリエ豊か。

苗の植えつけ時期:10月中旬～11月下旬

ビオラ

スミレ科

開花期が長く、適切な手入れをすれば次々と花が咲くので、初心者でも育てやすい。10月下旬ごろから苗が出回り、春遅くまで咲き続ける。

苗の植えつけ時期:10～11月、3～4月

ツルニチニチソウ

キョウチクトウ科

株元から多数の茎を伸ばしてつる状にほふくしながら成長する多年草。日当たりを好むが、半日陰でもよく育ち、繁殖もしやすい。

苗の植えつけ時期:5～6月

プリムラ

サクラソウ科

花の咲き方は品種で異なり、一重咲き以外にも八重咲きやバラ咲きなどが。寒さに強いものが多く、冬～春の寄せ植えに人気。花色も多彩。

苗の植えつけ時期:9～12月

トレニア

アゼトウガラシ科

暑い夏に花を次々と咲かせ、耐陰性のある育てやすい花。別名「ナツスミレ」。アジアからアフリカにかけて約40種がある。

苗の植えつけ時期:4～8月

ニチニチソウ

キョウチクトウ科

開花期は５～10月ごろ。炎天下でも花を元気いっぱい咲かせる。「日々草」というとおり、最盛期には毎日次々と花が開く。

苗の植えつけ時期:4月下旬～7月

ノースポール

キク科

マーガレットのような花が咲く。開花期は12〜5月ごろまでと長く、寒さには強い性質で暖地では屋外で越冬が可能。高温多湿には弱い。

苗の植えつけ時期:10月上旬、3〜4月

ヒヤシンス

ユリ科

花色はピンク、紫、赤、白、黄色など多彩。香りが豊かで、真っすぐ伸びた茎に小花を多くつける。開花期は3〜4月。

球根の植えつけ時期:10〜11月

ペニチュア

ナス科

暑さに強く、好環境なら春から秋まで花が咲く。花色はピンク、赤紫、紫、赤、青、白色など。八重咲きなど、咲き方の種類も豊富。

苗の植えつけ時期:4月初旬〜5月

ベロニカ

オオバコ科

世界中に300種類もの品種がある。細長い花穂で、花色は紫や青、ピンク、白色など。耐暑性・耐寒性ともにすぐれ、丈夫で育てやすい。

苗の植えつけ時期:3〜4月、9月下旬〜11月中旬

マンデビラ

キョウチクトウ科

つる性の植物で、春から秋の長期間咲く。暑い夏でもよく咲く。花色はピンク、赤、白色、白からピンクに変化するものなど。

苗の植えつけ時期:4〜6月

メランポジウム

キク科

暑さに強いため、夏の花として人気。ただし、寒さには弱い。草丈は20〜80cmほどで、自然に分枝してこんもりと茂り、黄色の花が咲く。

苗の植えつけ時期:5月下旬〜6月

ムスカリ

キジカクシ科

丈夫で育てやすい秋植え球根。丸い壺形で青紫色の小花がブドウの房のように密集して咲く。植えっぱなしでも毎年よく咲く。

球根の植えつけ時期:10～11月

マリーゴールド

キク科

初夏から秋に黄やオレンジ色の花が咲く。フレンチやアフリカンなどの系統に分けられ、一重咲きや八重咲きなど、咲き方も多様。

苗の植えつけ時期:4月中旬～6月

デージー

キク科

本来は多年草だが、日本の気候では一年草扱い。耐寒性が高いため、初心者にも育てやすい。花色はピンクや白色など。

苗の植えつけ時期:9～10月

ワスレナグサ

ムラサキ科

開花期は３月下旬～５月ごろで、小さな５弁花がまとまって咲く。花色はパステルブルーが有名だが、ピンク、白、紫色なども。

苗の植えつけ時期:3月、10月

ユリオプスデージー

キク科

常緑低木で、晩秋から春に黄色の花が咲く。数年たつと、木質化することも。根詰まりしやすいので、鉢植えの際は大鉢が◎。

苗の植えつけ時期:3～5月、9月下旬～10月

マーガレット

キク科

丈夫で育てやすい多年草。じょうずに夏越し・冬越しをすれば、何年も秋から春に花が咲く。花色はピンクや白、黄色など。

苗の植えつけ時期:3～6月、9～10月

花の苗の植えつけ
LESSON

初心者はまず、鉢に花を1種類だけ植えつけるのがおすすめ。
単植なら水やりなどの管理もしやすいメリットがあります。
今回はさまざまな色の花を咲かせるラナンキュラスで挑戦。

花もちのよいラナンキュラスを
管理しやすい単植で楽しむ

花びらが重なり合ってバラのような豪華さがあるラナンキュラス。赤やピンク、オレンジ、黄色など、花色が豊か。そのうえ、3～5月ごろまでと長く楽しめるので、初心者のファースト植えつけにおすすめ。

Point

- 鉢は苗のポットの1～2回りの大きさを
- 鉢底石を入れて、水はけをよくする
- 苗の根鉢は状態により、軽くゆるめる程度でOK

鉢（直径15㎝、高さ10㎝）、鉢底ネット、鉢底石、培養土、ラナンキュラスのポット苗、土入れ、ハサミ、あると便利なのはビニール手袋、園芸シート、プラスチック容器（土を入れる用）

準備するもの

1

鉢底ネットをハサミで鉢底穴より大きく切り、鉢底に敷く。排水穴から用土がもれる以外にナメクジなどの虫の侵入も防げる。

2

１の上から、鉢底石を鉢の約1/5の深さまで入れる。鉢底石は水はけをよくするために入れて。

3

２の上に培養土を少量入れる。鉢底石が隠れる程度でOK。スコップよりも土入れを使うとスムーズに入れられる。

4

ラナンキュラスの苗をポットから抜いて取り出す。苗の上部の葉ではなく、根元をやさしく持つように。

5

４の苗の黄色くなっている葉やゼニゴケなどを取り除き、株まわりをきれいに。蒸れや病気の原因になるので、必ず取り除いて。

6

５の苗の根鉢が回っている場合は、指でほぐしながら軽くゆるめる。内側に指を入れてやさしく行うのが大切。

7

根がゆるんでいる程度にとどめるのが理想。もともと、根が回っていない場合はゆるめず、そのままでもOK。

8

７の苗を３の鉢の中に配置する。１種類だけを植えつけるので、鉢の中央あたりに配置して。

9

１～２㎝のウオータースペースを残し、培養土を入れる。苗の株元の土を指で押さえ、根鉢と土をなじませ、水やりを。

花の寄せ植え

LESSON

寄せ植えの魅力はひとつの鉢に複数の植物を植えられるので、
小さなスペースでも十分に楽しめる点。今回はビオラとネメシアと
スイートアリッサムの3種類で寄せ植えを作ります。

開花時期などが同じ
3種類の花を寄せ植えに

寄せ植えは開花時期や日当たりを好むなどの生育の条件が同じ花を選ぶことが大切。それさえ押さえれば、あとは自由でOKです。大鉢なら、植えつけるポットの数を増やしても。同じカラートーンでまとめれば、洗練度アップ。

Point

- 3ポットの寄せ植えには直径18～21㎝の鉢を
- 鉢底石を入れて水はけをよくする
- 背が高い花を後ろに、低い花を手前に配置

鉢（直径20㎝、高さ15.5㎝）、鉢底ネット、鉢底石、培養土、ネメシア・ビオラ・スイートアリッサムのポット苗、土入れ、あると便利なのはビニール手袋、園芸シート、プラスチック容器（土を入れる用）

準備するもの

1

鉢底ネットをハサミで鉢底穴より大きく切り、鉢底に敷く。排水穴から用土がもれる以外にナメクジなどの虫の侵入も防止。

2

1の上から、鉢底石を鉢の約1/5の深さまで入れる。鉢底石は水はけをよくするために入れて。

3

2の上に培養土を入れる。鉢底石が隠れる程度でOK。この際はスコップよりも土入れを使うとスムーズ。

4

3種類の苗をポットに入った状態のまま、3の鉢の中に配置してみて、バランスを確認。これは工程の最初に行ってもOK。

5

まずはいちばん草丈の高いネメシアの苗をポットからやさしく抜いて取り出す。苗の上部の葉ではなく、根元を持つようにして。

6

5の苗の黄色くなっている下葉やゼニゴケなどを取り除き、株まわりをきれいに。さらに根鉢は指で軽くゆるめて。

7

6の苗を3の鉢の中に配置する。いちばん背の高い花は後ろに植えるとバランスがよいため、ネメシアはいちばん後ろへ。

8

次にビオラの苗をポットからやさしく抜いて、葉が茂りすぎている場合は葉を少し取り除く。根鉢は適度にゆるめて。

9

7の鉢に8の苗を配置する。鉢の手前中央に配置する。

10

最後はスイートアリッサムの苗をポットからやさしく取り出す。移植を嫌う花なので、根をいじりすぎないこと。下葉は取り除く。

11

9の鉢の中に10の苗を配置する。ビオラのわきに配置して。

12 *Finish!*

1～2㎝のウオータースペースを残し、培養土を足し入れる。苗の株元の土を指で押さえ、根鉢と土をなじませ、水やりを。

リーフの寄せ植え

LESSON

寄せ植えは花だけに限らず、リーフだけでもできます。
「リーフだけで華やかさが出るの?」という声もあるかもしれませんが、
形状や質感が違うものを組み合わせれば、すてきな鉢植えに。

形状や質感の違う3種類のリーフを鉢植えで

今回は銀葉が特徴的なオレアリアのリトルスモーキーとシロタエギク、カロケファルスの3種類をセレクト。シロタエギクのように花を咲かせるものでも、リーフがたっぷりついているものなら問題なく取り入れ可能。

Point

- 3ポットの寄せ植えには直径18〜21㎝の鉢を
- 深さのある鉢の場合は鉢底石を少し多く
- 背が高いものを後ろに、低いものを手前に配置

鉢(直径23.5㎝、高さ29㎝)、鉢底ネット、鉢底石、培養土、オレアリア リトルスモーキー・シロタエギク・カロケファルスのポット苗、土入れ、ハサミ、あると便利なのはビニール手袋、園芸シート、プラスチック容器(土を入れる用)

準備するもの

1

鉢底ネットをハサミで鉢底穴より大きく切り、鉢底に敷く。排水穴から用土がもれる以外にナメクジなどの虫の侵入も防止。

2

1の上から、鉢底石を鉢の約1/3の深さまで入れる。鉢の深さがある場合は鉢底石を通常より多く入れるとGOOD。

3

2の上から培養土を入れる。鉢底石が隠れる程度でOK。スコップよりも土入れを使うとスムーズ。

4

3種類の苗をポットに入った状態のまま、3の鉢の中に配置してみて、バランスを確認。これは工程の最初に行ってもOK。

5

まずはいちばん草丈の高いオレアリア リトルスモーキーの苗をポットからやさしく抜いて取り出す。苗根元を持つように。

6

5の苗の黄色くなっている下葉を取り除き、株まわりをきれいに。さらに根が回っている場合は指で軽くゆるめて。

7

6の苗を3の鉢の中に配置する。いちばん背の高いオレアリアリトルスモーキーはいちばん後ろに配置するとバランスがいい。

8

次にシロタエギクの苗をポットからやさしく抜いて、葉が茂りすぎている場合は葉を少し取り除く。

9

8の苗の根鉢は回っていれば、指で内側からやさしくほぐし軽くてゆるめる。回っていなければ、ゆるめずにそのままでOK。

10

7の鉢の中に9の苗を配置する。鉢の手前中央に配置して。

11

最後はカロケファルスの苗をポットからやさしく取り出す。根鉢を適度にゆるめ、10の鉢の中のシロタエギクのわきに配置する。

12

Finish!

1〜2㎝のウオータースペースを残し、培養土を入れる。苗の株元の土を指で押さえ、根鉢と土をなじませ、水やりを。

Balcony & Terrace Gardening

もっと知りたい！ ベランダ&テラスガーデニングのあれこれ

土選びや水やりなどをもっと深く知りたい。そんな要望にお答えすべく、
ガーデニングのプロである垂井愛さんがカテゴリーごとに深掘り解説！
編集部おすすめの商品もご紹介します。

※SHOP LISTは127ページにあります。

土選び

必要な栄養が詰まった培養土がお手軽で便利

植物を鉢やプランターで栽培するときは、土の量が限られているうえに地下からの水分供給もないため、水分が不足して鉢土が乾きやすくなりがち。だからこそ、赤玉土と腐葉土、元肥がブレンドされ、さらに通気性や保水性などのバランスがすぐれたよい土を準備することが重要です。しかし、植物によって適した栄養分が異なるため、配合比率を変える必要があり、自分でブレンドするとなるとたいへん。そこでおすすめなのが赤玉土や腐葉土などがブレンドされた培養土なのです。

よい土の条件

通気性

根は呼吸をするため、酸素が必要。そこで、必要な酸素をきちんと届けるために、土は通気性のよいものでなくてはいけません。

排水性

排水性とは、水はけのこと。水分が多すぎると、根腐れの原因になります。そのため、排水性がよい＝余分な水分を排水する土が◎。

保水性

土が保水しておく能力のこと。保水性が低いと、根に十分な水分が行き届かないため、植物が枯れてしまいます。保水性が高い土が理想。

保肥力

土が肥料成分を保持する力のことで、植物が元気に育つうえで必須。保肥力がある土は肥料の与えすぎから、根を守る働きもあり。

pH5.5〜6.5（弱酸性）

植物の生育には一般的にpH5.5〜6.5（弱酸性）の土がよいといわれています。ただし、弱酸性またはアルカリ性を好む植物も。

おすすめの培養土

初心者には花にも野菜にも使える培養土が便利！

培養土は花用、野菜用などと用途別になっているのが一般的ですが、なかには花と野菜のどちらにも使えるものも。花も野菜も育てたいという人にはこんな万能な培養土が最適です。

花にも野菜にも使える汎用培養土。菌根菌配合で植物を丈夫に育てます。一般的な培養土よりも軽く持ち運びもラク。25L入り。ハイポックスジャパン かる〜い培養土 712円／ジョイフル本田

花や野菜などの用途別に栄養素の割合が異なる

根を通じて肥料の栄養素を吸収して育つ植物。肥料は主に肥料の三要素と呼ばれる「窒素」「リン酸」「カリ」で構成されていますが、窒素は葉を茂らせる、リン酸は花や実をつける、カリは根の成長に働く栄養素。そのため、観葉植物用の肥料は窒素、花用の肥料はリン酸を多く含みます。野菜やハーブなどは葉を茂らせ、花を咲かせ、実をつけさせる必要があるため、窒素・リン酸・カリを同割合で配合。また、肥料には主に液体肥料・粒状肥料・有機質肥料などの種類があります。

肥料選び

タイプ別肥料

粒状タイプ

植物へのダメージなしで効果を感じたいなら粒状を

粒状の肥料で、土にまいたり、植物を植える前に土に混ぜ込んだりして使います。効果はゆっくり表れるので、肥料やけなどによる植物へのダメージを軽減することが可能。

さまざまな植物に元肥や追肥として使える便利な肥料。生育に合わせて肥料が溶け出し、2~3カ月間ほど効いてくれます。1.2kg入り。住友化学園芸 マイガーデン 植物全般用 1078円／ジョイフル本田

液体タイプ

即効性を期待するなら粒状よりも液体肥料を選んで

液体肥料は液体状の肥料。速効性があり、手軽で扱いやすいので、ガーデニング初心者におすすめです。水で薄めて使うものと原液のまま使う仕様のものの2種類あり。

植物の生育に必要なさまざまな栄養素をバランスよく配合し、速効性あり。花つきや葉色もよくなります。住友化学園芸 1200mℓ花工場原液 877円／ジョイフル本田

これもプラス!

元気がなくなったら活力剤を取り入れて

植物の元気がないときに与えたいのが活力剤。土から栄養や水分を吸収できなくなっているときは、活力剤で吸収率を促進させてあげましょう。人間でいうと、栄養ドリンクのようなもの。

植物の生育に必要な養分の吸収を高めるコリン、フルボ酸、アミノ酸と各種ミネラルを配合した活力液。与えてすぐ効能を発揮。800mℓ入り。ハイポネックス ジャパン リキダス 1042円／ジョイフル本田

植物に適した深さや直径を選んで

背が高くなる植物なら、深型を選ぶなど、植物に適した鉢&プランターを。背が高い植物は栄養を多く必要として長く根を張るため、浅い鉢&プランターでは根詰まりを起こし、成長が止まってしまうことが。直径は苗のポットの1~2回りを目安に選ぶとベター。ただし、根を横に広げるなどにもよるので、事前に植える植物の性質を調べるのが賢明です。素材は初心者なら、軽量で耐久性がよく、デザインが豊富な樹脂性(プラスチック)が無難。

鉢&プランター選び

形状別鉢&プランター

丸形

角形

ワイド形

植物によって形状も考慮してみて

角形は深さがあるものが多いので、根を深く張る植物におすすめ。丸形は基本的に幅広い植物に使えます。ワイド形も植物を選びません。また、奥行きが狭いので、小スペースに便利。

天然素材配合の鉢シリーズは形も多彩。角形は横19.2cm×奥行き19.2cm×高さ23.6cm。丸形は直径18.5cm×高さ18.5cm。角形ワイドは横24.2cm×奥行き12.2cm×高さ12.6cm。ハチマンガーデンズ エコポット 角形190 1452円、丸形6号 770円、角形ワイド240 726円／すべてプロトリーフ

水やり

正しい水やりで花や植物を健やかに

水を好む性質の植物は除き、水やりの基本は「土の表面が乾いてからたっぷり」。根は水とともに酸素を取り込んで成長するため、常に土がぬれていて酸素が通らない状態だと、根腐れしてしまうのです。ただし、暑い夏は水が蒸発しやすいため、朝夕の1日2回は必要になることも。冬は1日のうちでいちばん暖かい昼ごろに行って。日が暮れる時間に与えると、土の中が凍り、根を傷めることに。花や葉などが茂っている場合はやさしく手で押さえ、根元の土に行き届くように水を与えて。

水やりのタイミング

土の表面が乾燥していたら水やりを行って

頻度を決めずに、土の表面が乾燥したら水を与えること。土の表面が白っぽくなっていれば乾燥している証拠。黒っぽければ、まだ土が湿っている可能性が高め。

水やりのPoint

根元の土に水をたっぷり与えて

受け皿をしている場合は外し、ジョウロでたっぷりと水を。その際、花や葉ではなく、根元の土に与えることが大切です。

Zoom!

排水穴から水が出てきたら、水がきちんと浸透しているサイン。

ウオータースペースを残すことで、水と土があふれ出るのを防げます。

切り戻し

再び多くの花をさかせるためのお手入れ

満開を過ぎた直後にあえて花を切ることで、再び花をたくさん咲かせるのが〝切り戻し〟。開花期が長い花や成長しすぎた植物に行います。切る場所は、芽や葉の少し上。ヒョロヒョロと茎が伸びて不格好になってきたり、満開の時期が過ぎて花数が少なくなってきたりしていたら、切り戻しを行います。これでわき芽が伸び、成長の勢いが促され、再び多くの花が。また、株元の風通しもよくなり、1カ月もすれば再び花いっぱいの姿に戻る可能性が高いので、惜しまず切り戻しを。

切り戻しのやり方

全体を見て ボリュームを把握

今回はビオラで挑戦。最初に全体のボリュームを把握して。冬に植えたビオラは遅くとも3月までに切り戻しを行って。

▼

切る位置を 決めていく

切り戻しをする位置は、芽や葉の少し上。ビオラの場合は5節以上に伸びていれば、地面から3節目を目安にしても。

※地面から最初の本葉を1節目とする

▼

実際にハサミで 茎を切っていく

切る位置の見当をつけたら、ハサミで切っていきます。安定した切れ味を保ってくれる園芸バサミを使うのがおすすめ。

▼

切り戻しを終え 風通しもUP！

ほとんどの茎を切り戻し、茂っていた花や葉がスッキリすれば切り戻し完了。風通しもよくなり、再び花が咲きやすい環境に。

ベランダ&テラスガーデニングの“困った”を解決！

初めてのベランダ&テラスガーデニングでは、
「こんなときはどうすればいい？」なんていう
場面に出くわすこともあるでしょう。
そこで、よくある“困った”トラブルを
ケース別にご紹介します。
きっと解決の一助になるはず。

CASE 1

ベランダがとにかく狭くて、思うように鉢&プランターが置けない…。

解決！

壁やベランダの腰壁などをフル活用して

床以外に建物の壁やベランダの腰壁などのすべての面を有効活用しましょう。例えば、壁にラティスフェンスを設置し、そこにハンギングで鉢をつるしたり、ベランダの腰壁（内側）にプラントホルダーでプランターを飾ったり。床が狭ければ、プランタースタンドやワゴンなどを使う手もあります。

CASE 2

西向きのベランダ

なので、花に悪影響がないか不安！

解決！

リスク回避なら
環境を選ばない
暑さに強い植物を

一般的に"西日"は植物によくないといわれるものの、植物にはそれぞれの適性が。そのため、育ててみたいものがあれば挑戦を。実際に育ててみてダメだった場合は、環境に適さなかったということ。リスクを極力回避したい人は、暑さに強い植物を選びましょう。また、猛暑の時期は鉢を二重にするなどの工夫を。

CASE 3

ベランダの中が**外から丸見え**

なので、ガーデニング作業に集中できない…。

解決！

柵などで目隠しを。
ただし、植物のために
全隠しはしないで

低層階の建物だと、どうしても外からの視線が気になるもの。そんなときは柵やラティスフェンス、シェード、すだれなどで目隠しをしましょう。もちろん、木材やすのこを使ってDIYしても。目隠しする際は植物に日光が当たるよう、完全に目隠ししないように気をつけて。

CASE 4

エアコンの室外機や太い配管が悪目立ちしていて気になる…。

解決！

室外機はすのこなど、配管は麻布などでカバー

室外機は市販の専用カバーをはじめ、すのこなどを活用して目隠しするのが◎。ただし、室外機は完全に覆ってしまうと、熱がこもってしまってモーターへ負担をかけてしまう恐れがあるので、ある程度は隙間をあけておく必要が。配管は麻布やワイヤーネットなどを巻いても。

CASE 5

寒さで植物が傷まないか心配です。何か対策はある？

解決！

ベランダ用の家庭用温室を使うことも検討して

冬でも時間や場所によって日当たりがよければ、鉢を移動させたり、床の冷気を遮断するためのスタンドを使ったりして乗り切って。でも、積雪や寒風、霜、凍結などが厳しい場合は、ベランダやテラスに置けるサイズの家庭用温室（ビニールハウス）を利用することも考えて。

CASE 6

排水口に土などが**よく詰まりがち**

どう掃除をすればいいのかわからない…。

解決！

枯れ葉などを取り除いたら汚れをかき出して

ガーデニングをすると、ベランダやテラスの排水口に土が流れてしまうことが。事前に専用のネットやシートで排水口を覆っておくのが理想だけれど、定期的な掃除は欠かせません。まずはたまった葉っぱなどを取り除き、次に古い歯ブラシなどで細かい汚れをかき出しましょう。

CASE 7

夏はとにかくベランダが**暑い！**

お金をかけずに植物を守れる？

解決！

すだれで日差しを防ぐ&打ち水で照り返しを緩和

手軽にできることなら、すだれやオーニング（サンシェード）で日陰をつくったり、打ち水で床の熱を下げたりする方法が。ただし、打ち水は日中の暑い時間に行ってもすぐに水が蒸発して効果が弱まるので、朝夕に行って。また、ウッドパネルや人工芝などを床に敷けば、照り返しや熱のこもりを緩和可能です。

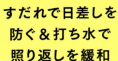

〈 *Column* 〉

I

初めての寄せ植えにTry

寄せ植え未経験の編集者が初挑戦! ガーデニングのプロである
垂井愛さんがその様子を評価します。出来栄えはいかに!?

初めてなので、
ちゃんとできるか心配。
でも、頑張ります!

Start!

編集者K

| 1 |

アネモネとスイートアリッサム、バロータ・キャンディアの3種類の苗をセレクト。その後、鉢に鉢底ネット、鉢底石、培養土の順で入れて。「鉢底石の量はどれくらい?」と早速不安げな様子。

アドバイス

鉢底石の量は
鉢の大きさに応じて

鉢底石は余計な水をしっかり排水したり、空気を取り入れたりするのに役立ちます。量は鉢の1/5程度を目安に。

アドバイス

花の苗は同じ生育環境のもの
を選ぶのがおすすめ

私からもうひとつアドバイスを。花は開花期が同じ、日当たりを好むなど、同じ生育のものを選ぶと、水やりなどの管理がラクに。

とりあえず、
やさしく、やさしく～

| 2 |

いちばん背の高いバロータ・キャンディアをポットから抜き出す編集者K。根鉢をゆるめながら、「どのくらいの力かげんでどの程度まで行えばいいのかな?」と、これまた不安感いっぱい。

アドバイス

根が回っている際は指でやさしくゆるめて

スリットなしのポット苗は、根が内側に巻いていることが多いので、指で内側から根をゆるめて。カチカチ状態の箇所がゆるまればOK。

根鉢の状態は
花によって違う!

| 3 |

バロータ・キャンディアを鉢に植えたら、次に背の高いアネモネの苗をポットから取り出して。「これは根鉢がかたくないけれど、ゆるめたほうがいいのかな?」と自問しつつも、軽くゆるめていく編集者K。

アドバイス

根が回っていないこともあり!

スリット入りのポットで日がよく当たっていた苗は根が内側に回っていないことも。移植を嫌がる花も根が回っていないケースが。

花の配置はどうしよう～

| 4 |

最後にスイートアリッサムの番。移植を嫌がる花で根鉢が回っていなかったので、ゆるめずに鉢へ。でも、編集者Kは「どこに植えようかな？」と、配置に悩みだした模様。

アドバイス

花の配置決めは事前に行うべし！

配置決めは花の苗をポットから出す前に行うのがGOOD。作業を始める前、もしくはプロセス１が終わった段階で行うといいでしょう。

花の向きは正面にしておこう！

| 5 |

スイートアリッサムはいちばん手前に植えることにしたものの、花の向きをどうするべきか悩み始めた編集者K。自信はないけれど、花の正面を鉢の正面に。

アドバイス

花を咲かせたい向きを太陽のほうへ向けて

日がよく当たる方向に、花を咲かせたい向きがくるように。ただし、太陽に背を向けて咲く花もあるので、定期的に鉢の向きを変えて。

| 6 |

最後に培養土を苗と鉢の隙間に足し入れて。「土は鉢のフチのギリギリまで入れてはダメだよね！」と自分に言い聞かせながら（笑）。その後、指を使い、根と土をなじませていく。

アドバイス

ウオータースペースは必ず残しておいて

土をめいっぱい入れると、水やりをした際に水と土があふれ出て、水が浸透しにくくなりがち。そのため、１～２㎝のウオータースペースを残しましょう。

垂井先生の評価

初めてのわりには十分な出来ですよ！基本のやり方さえ覚えてしまえば、あとは自由に楽しく取り組みましょうね。

Goal!

落ち着いたピンクの花×シルバーリーフのおかげで、大人かわいい雰囲気に。編集者Kは「難しい点もあったものの、終始楽しかったし、癒やされた！」と大満足な様子でした。

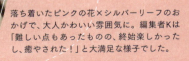

1鉢でも手軽に育てられる
ハーブ&野菜の選び方

地植えでなくても、鉢ひとつから
ハーブ＆野菜は育てることが可能です。
寄せ植えのプロである田代耕太郎さんに
ハーブ＆野菜の基本のお話を聞きました。

3つのPoint

Point 1

季節を問わずに育てたいなら 暑さ寒さに強いハーブ&野菜を選ぶ

「育ててみたい！」と思ってすぐに挑戦できるのが、暑さ寒さに比較的強いハーブ＆野菜。猛暑や極寒にはさすがに耐えられないけれど、春と秋を中心に長期間生育し続けるから、いつでも育てられます。初心者には特におすすめ。

［**おすすめのハーブ**］ルッコラ、チャイブ、スープセロリ、ディル、レモンバーム、パイナップルミント、ローズマリーなど
［**おすすめの野菜**］ガーデンレタスミックス、ラディッシュ、スイスチャードなど

教えてくれたのは…

田代耕太郎さん

Profile

早稲田大学芸術学校都市デザイン科卒業後、都市計画の仕事を経て（株）河野自然園に入社。ガーデンデザインや庭のリフォームを担当しながら、ハンギングバスケットの講演会も行う。
https://kyukon.com

Point 2

春から夏に育てたいなら暑さに強いハーブ&夏野菜を選ぶ

春から夏に育てたい場合は暑さに強いハーブ&夏野菜を選んで。寒さが苦手で、木枯らしが吹くころには生育が止まってしまうものの、夏の暑さは苦になりません。成長が速くて育てやすく、収穫量も多いなどのよさもあります。

[**おすすめのハーブ**]
カモミール、コリアンダー、スイートバジル、ナスタチウムなど
[**おすすめの野菜**]
ミニトマト、ナス、キュウリ、ピーマンなど

Point 3

秋から冬、春に育てたいなら栽培が難しいものにも挑戦を

寒さにあたることで甘みが増しておいしくなるハーブ&野菜も。秋から冬、春に育てるなら、そのようなものを選ぶのが正解です。また、暑いと生育しにくい、栽培が難しいといわれるものも、この時期に栽培するのがいいでしょう。

[**おすすめのハーブ**]
カレンデュラ、ワイルドストロベリーなど
[**おすすめの野菜**]
ベビーキャロット、イチゴなど

季節に適したハーブや野菜を選ぶことがポイントに

ハーブや野菜を育てるうえでの基本ルールは、「日当たりと風通しがよい場所で育てること」と「育てる植物に適した水やりを行うこと」。それにプラスして知っておきたいのが、ハーブ&野菜の選び方のポイントです。

そもそも、ハーブや野菜には、それぞれの生育に適した季節があるもの。寒さに弱いスイートバジルやコリアンダー、トマトやキュウリなどは、冬になる前には枯れてしまいます。その反対にベビーキャロットやイチゴのように暑い時期が苦手なものもあります。ラディッシュやルッコラなどは、猛暑と厳寒期を除けば、長期間育てられます。適した時期を考えながら、栽培することが大切なのです。

人気のハーブ＆野菜カタログ

鉢＆プランター栽培が可能な人気のハーブ＆野菜をえりすぐってお届け。苗の購入時の参考にして。

※苗の植えつけ時期は地域や環境などで前後することがあるため、あくまでも目安としてください。
観賞用のハーブ苗も出回っているので、食用のハーブ苗を選びましょう。

クレソン

アブラナ科

さわやかな香りが特徴。冬も５度を下回らない環境を維持すれば、真夏や真冬を除き、一年をとおしてほぼ収穫可能。水耕栽培も簡単。

苗の植えつけ時期:4〜5月、9月
収穫時期:5〜6月、10〜11月

パセリ

セリ科

日当たりと風通しのよい場所を好む。暑さ寒さには強い性質だが、鉢＆プランターで栽培する場合は、夏は半日陰の場所で管理して。

苗の植えつけ時期:4〜5月、9〜10月
収穫時期:5月下旬〜11月上旬

オレガノ

シソ科

少し苦みがあり、さわやかで強い香りをもつ。明るい緑色の小さな葉を多くつけ、６〜９月ごろには、ピンクの花を咲かせる。

苗の植えつけ時期:3〜6月、9〜11月
収穫時期:4〜11月

コリアンダー

セリ科

地中海沿岸地方や中東原産の香味野菜。タイ語で「パクチー」という。白い花が咲く。真夏や真冬を嫌い、日当たりのよい場所を好む。

苗の植えつけ時期:4〜6月、9〜10月
収穫時期:4〜10月

ローズマリー

シソ科

地中海沿岸地方原産の常緑低木。暑さと寒さに強く、乾燥ぎみの環境を好む。定期的な剪定が必要。秋から春先まで薄紫色の花が。

苗の植えつけ時期:4〜6月、9〜11月
収穫時期:4〜11月

ルッコラ

アブラナ科

ゴマのような香りやピリッとした辛みあり。難しいお手入れは不要で育てやすい。水耕栽培もOK。タネからでも簡単に育てられる。

苗の植えつけ時期:4〜7月、9〜11月
収穫時期:5月中旬〜8月中旬、10月中旬〜12月

ミント

シソ科

ペパーミントやスペアミントなどの品種があり、さわやかな香りが特徴。どこでも元気に育つが、直射日光で葉やけを起こすことが。

苗の植えつけ時期:4〜5月、9〜10月
収穫時期:4〜11月

ラベンダー

シソ科

常緑性低木で、春から初夏にかけて紫や白、ピンク色の花が咲く。芳香のある葉はオイルなど、花はハーブティーなどに利用される。

苗の植えつけ時期:3月中旬〜4月上旬、10月
収穫時期:5月下旬〜7月上旬

カモミール

シカギク属

春から初夏にかけ、リンゴのような香りのする白色の花が咲く。日当たりと風通しのよい場所を好む。猛暑は半日陰へ移動をさせて。

苗の植えつけ時期：3〜5月、9〜10月
収穫時期：4〜6月

タイム

シソ科

さわやかな香りやほろ苦さをもつ。日当たり、風通しがよく、乾燥した気候が適している。春から初夏にピンク色の花が咲く。

苗の植えつけ時期:4〜5月、9〜10月
収穫時期:4〜10月

スイートバジル

シソ科

多年草で「ハーブの王様」と呼ばれる。日本では越冬できず、一年草として扱われる。摘芯（ピンチ）することで、収穫量が増える。

苗の植えつけ時期：5〜7月
収穫時期：6月上旬〜10月下旬

ディル

セリ科

細く繊細な葉をはじめ、黄色の花、茎、タネなど、根以外は食すことが可能。耐寒性は高いが、耐暑性が低く、高温多湿を嫌う。

苗の植えつけ時期：4〜6月、9〜10月
収穫時期：5〜11月

ブルーベリー

ツツジ科

育てやすい低木果樹だが、収穫までに3年ほどかかることも。酸性土壌や日当たり、風通しのよい場所を好み、こまめな水やりが必要。

苗の植えつけ時期：11～3月
収穫時期：6～9月

ゴーヤ

ウリ科

生育が早く、大量の水を欲するため、深さのある鉢＆プランターに植えて。ベランダの西日よけにグリーンカーテンとしても育てられる。

苗の植えつけ時期：5～6月
収穫時期：7～9月

ベビーキャロット

セリ科

中央アジア原産の小型種ニンジン。暑さに強く、鉢＆プランター栽培にも向いている。タネからまいても70～80日ほどで収穫可能。

苗の植えつけ時期：3月中旬～5月上旬
収穫時期：5月下旬～7月下旬

オクラ

アオイ科

熱帯の植物で、暑さに強い夏野菜。霜の心配がなくなり、十分に暖かくなってから栽培を。日当たりのよい場所で水をたっぷりと。

苗の植えつけ時期：5月中旬～6月中旬
収穫時期：7月中旬～10月中旬

ラディッシュ

アブラナ科

ダイコンの仲間で、実の色は一般的な赤、白、紅白、黄色など。タネをまくと約20日で収穫できることから、「二十日《はつか》大根」とも呼ばれる。

苗の植えつけ時期：3～6月、9～11月
収穫時期：4月中旬～6月、10月～12月上旬

ナス

ナス科

高温多湿に強く、収穫期間は半年にも及ぶことも。肥料と水をたっぷり与えて株を元気にキープすれば、1株で何十個も収穫できる。

苗の植えつけ時期：4月初旬～5月下旬
収穫時期：6～10月

シソ

シソ科

日当たりと風通しのよい場所を好む。ただし、日光を当てすぎてしまうと、食感が落ちるので、真夏は半日陰で育てるとよい。

苗の植えつけ時期：4月下旬～6月下旬
収穫時期：6月下旬～8月

ワイルドストロベリー

バラ科

野生のイチゴ。暑さ寒さに強く、育てやすい。ランナー（親株から垂れている細長い茎）が伸びて成長する。

苗の植えつけ時期：3～5月、9～10月
収穫時期：4～7月、9～11月

リーフレタス

キク科

結球せずに葉が縦に伸びるレタス。日当たりのよい場所を好むが、半日陰でも生育可能。風通しが悪いと病害虫が発生する可能性が。

苗の植えつけ時期：3月中旬～5月上旬、9月中旬～10月中旬
収穫時期：5月中旬～6月中旬、10月中旬～11月

ミニトマト

ナス科

日当たりと水はけのよい場所、たっぷりの水を与えて育てれば、鉢＆プランター栽培も容易。つるが伸びるので、支柱が必要。

苗の植えつけ時期：4月下旬～5月中旬
収穫時期：7月～10月上旬

キュウリ

ウリ科

つる性の一年草。根張りが浅いが、多くの実を収穫するためには土壌の排水性が大切なので、鉢＆プランターは深いタイプが理想。

苗の植えつけ時期：4月下旬～5月上旬
収穫時期：6～8月

ピーマン

ナス科

夏野菜の代表。大きな鉢＆プランターで育てると、株が大きくなり、収穫量が増える。初心者でも育てやすい。

苗の植えつけ時期：4月下旬～5月上旬
収穫時期：6～10月

ハーブの苗の植えつけ

LESSON

乾燥を嫌うもの、反対に過湿を嫌うものなど、
ハーブにはさまざまな種類があります。
初心者はまず、1種類のハーブをひとつの鉢に植えてみましょう。

ミント系の中でも人気の高いモヒートミントを植えつけ

キューバのハバナが発祥地といわれるミントの一種。文豪のヘミングウェイが愛好したことでも有名なカクテルのモヒートに使われるのが、このモヒートミントです。ハッカのような爽快な香りが特徴。

Point

- パーライトを入れて水はけをよくする
- 苗の根鉢は状態により、軽くほぐす程度でOK
- 仕上げは根鉢と培養土をよくなじませる

準備するもの

鉢（幅16.5cm×奥行き13cm、高さ11cm）、鉢底ネット、パーライト、培養土、モヒートミントのポット苗、土入れ、ハサミ

1

鉢底ネットをハサミで鉢底穴より大きく切り、鉢底に敷く。

2

１の上から、パーライトを鉢の約1/4の深さまで入れる。パーライトは水はけをよくするために必ず入れて。

3

２の上に培養土を入れる。この際はスコップよりも土入れを使うとスムーズ。

4

モヒートミントの苗をポットからやさしく抜いて取り出す。

5

４の苗の根を指でほぐしながらゆるめる。根がかたく回っていない場合は、軽くほぐす程度にとどめて。

6

５の苗を３の鉢の中に配置する。１種類だけ植えつける際は、鉢の中央あたりに配置を。

7

土入れを使って培養土を鉢の中に足し入れる。隙間ができないように苗と鉢の間に足し入れていく感覚で行って。

8

培養土を入れ終わったら、苗の株元の土を指で押さえ、根鉢と培養土をよくなじませる。

9

Finish!

植えつけが終わったら、鉢底穴から水が出るまで、水をたっぷり与える。

野菜のタネまき
LESSON

タネから育てるのは難易度が高いと思われがちだけれど、
ガーデンレタスミックスなら初心者でも簡単です！
とれたて新鮮なレタスをぜひ味わってみて。

コンテナでタネから簡単に育てられる葉もの野菜の代表

葉もの野菜の中でも育てやすいガーデンレタスミックス。春ならタネまきから約3週間で収穫できます。栽培時期が3～11月と長いから、比較的いつでも気軽に育て始められるのも魅力。日当たりのよい場所で育てて。

Point

- パーライトを入れて水はけをよくする
- タネ同士が重ならないようにまく
- 水やりはジョウロではなく、霧吹きで

準備するもの

コンテナ（幅19cm×奥行き11cm、高さ10cm）、鉢底ネット、パーライト、培養土、ガーデンレタスミックスのタネ、土入れ、ハサミ、霧吹き

1

鉢底ネットをハサミで鉢底穴より大きく切り、鉢底に敷く。

2

１の上から、パーライトをコンテナの約1/4の深さまで入れる。パーライトは水はけをよくするために必ず入れて。

3

土入れを使い、２の上に培養土を入れる。培養土はコンテナの縁のギリギリではなく、２〜３cm下までにとどめる。

4

谷折りにした厚紙の上に袋から出したタネを出し、３の上からまく。この際、タネ同士が重ならないように注意。

5

タネの上に培養土を薄くかける。厚くかけすぎると、芽が出ないこともあるので、気をつけて。

6

培養土が湿るまで霧吹きで全体に水やりを。ジョウロは勢いよく水が出てタネが流されてしまう可能性があるので、使用は避けて。

１週間後〜10日後

7

芽が出そろって混み合ってきたら、間引きを。細いものや間延びしているものを地際からハサミで切る。

8

間引いたあとは、残った株の根元に軽く土寄せをして水やりをすると、よく育つ。

さらに１週間後

9

タネの植えつけから２週間後〜20日後には、ボリュームいっぱいに！　収穫の際は食べる分の葉をハサミで切り取って。

野菜と花の寄せ植え LESSON

ハーブや野菜の単植栽培に慣れてきたら、
野菜と花の寄せ植えに挑戦してみませんか？
「食べておいしい、見て美しい」の両方をかなえます。

野菜2種×花1種の 3ポットの寄せ植え

かわいらしいベビーキャロットと葉が美しいスイスチャードに、アンティークカラーのビオラを組み合わせて。ベビーキャロットとスイスチャードはタネから育てても。シックな鉢に植えれば、おしゃれ度がアップします。

Point

- パーライトを入れて水はけをよくする
- 植えつけ前に苗を置いてバランスを確認
- ウオータースペースを２～３㎝残す

準備するもの

鉢（直径20㎝、高さ22㎝）、鉢底ネット、パーライト、野菜用培養土（肥料入り）、スイスチャード・ベビーキャロットのポット苗、ビオラ‘ビビ マンゴーアンティーク’のポット苗、土入れ、ハサミ

1

鉢底ネットをハサミで鉢底穴より大きく切り、鉢底に敷く。

2

１の上から、パーライトを鉢の約1/3の深さまで入れる。パーライトは水はけをよくするために必ず入れて。

3

土入れを使い、２の上に野菜用培養土を鉢の約1/2の深さまで入れる。

4

３の鉢の中に植えつける苗をポットのまま配置して、用土の深さと苗のバランスを見る。植えつける位置が決まったら、苗を取り出す。

5

根がいちばん大きいスイスチャードの苗から植えつける。苗をポットからやさしく取り出す。この際、根鉢はくずさないで。

6

苗を４で決めた位置に置く。この際、株元の高さが鉢の縁から２～３㎝下がるように、ウオータースペースを残すこと。

7

ビオラの苗をポットから抜いて配置。ベビーキャロットの根鉢が浅い場合は、植えつける位置に野菜用培養土を足しておく。

8

ベビーキャロットの苗をやさしくポットから抜く。根菜類の苗は、根鉢をくずさないように慎重に扱うことが重要。

9

苗と鉢の間の隙間に、野菜用培養土を足し入れる。ベビーキャロットの苗は根を露出させないこと。水やりは数回に分けて。

収穫までの主な作業

苗の植えつけやタネまきが終わってから
収穫までの間にやるべきことはたくさん。
ここでは、主な作業をご紹介しましょう。

あとから後悔しないように適期に適切な作業を

ハーブや野菜の苗を植えつけたり、タネまきをしたりしたら終わりではありません。収穫までにやるべきことがあります。そもそも、ベランダやテラスでの栽培は、基本的には地植えの管理と同じで、ハーブや野菜の種類ごとに適期に間引いたり、誘引したりしながら育てます。地植えと大きく違うのは〝水やり〟。量が多すぎても少なすぎても、ハーブや野菜は鉢やコンテナでうまく育ちません。表面の土が乾いたことを確認してから水を与えることが鉄則。鉢底から水が流れ出るまでたっぷりの量を。夏場は暑さでホース内に高温水が溜まっていることがあるので、ホースから出る水が冷水になったことを確認してから水やりを。最初に出る高温水を与えてしまうと、いくら冷水になるまで与え続けても根が傷んでしまいます。

水やり

タネまき後や植えつけ後の手入れで、いちばん大切なのが水やり。水は単に与えればいいわけではなく、多すぎても少なすぎてもよくありません。ハーブや野菜の水やりの基本は花の場合と同じく、用土の表面が乾いたらたっぷり与えること。基本的には春と秋は毎朝1回、夏は朝夕の2回を目安に。冬は鉢土の乾きぐあいを確認してから行って。

追肥

栽培期間が長くなるミニトマトなどの果菜類には、追肥をして株を充実させると収穫量が増えます。肥料には緩効性化成肥料やおだやかな効きめの有機質肥料、速効性のある液肥などが。育てるものによって、使う肥料や与える量が異なるので、肥料のパッケージを見て確認を。肥料は根元から少し離れた株の周囲に与えます。

支柱立て

トマトやキュウリ、ナスなどのように草丈が高くなるものは支柱やネットなどで支え、株が倒れないようにすることが不可欠。支柱は長さなど、さまざまなタイプがあるので、植える場所のスペースなどに合わせて選びましょう。

間引き

タネは多めにまいておき、生育のよいものを残すべく、間引きをして株と株の間隔を程よくあけるように。これで、苗の育ちがよくなります。間引きは生育が悪くてヒョロヒョロと間延びしたものを抜くか、株元からハサミで切るかで。程よい間隔になるように２～３回に分けて行って。

摘芯・わき芽かき

トマトやキュウリ、ナスなどは、一定の高さまで成長した段階で、摘芯（主枝の成長点を摘み取る）を行い、縦方向の成長を抑えて株の充実や実つきをよくして。必要以上にわき芽が増えると、株が消耗して収穫量が減るため、わき芽かき（わき芽を摘む）をすることも必要です。

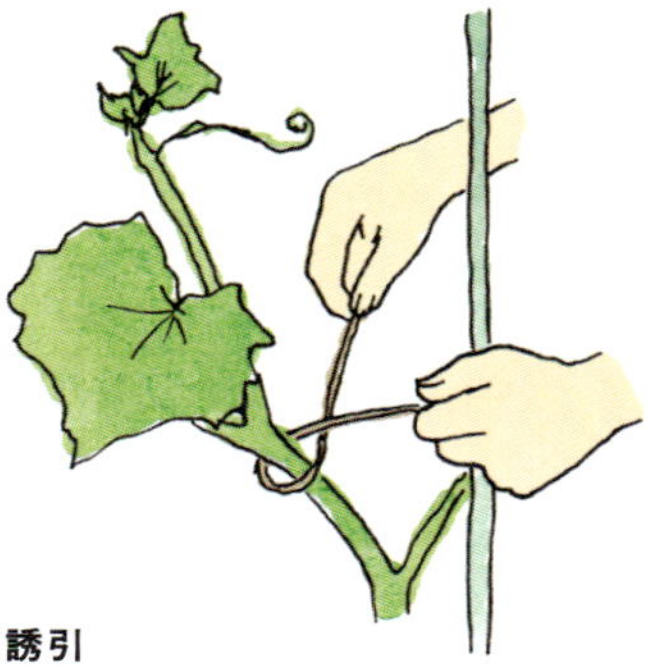

誘引

草丈が伸びるものは、伸びた茎やつるを支柱やネットに誘引する必要があります。例えば、トマトやナス、キュウリなどの野菜が該当。茎やつるを留めるには、麻ひもやビニタイなどを使うと便利です。なお、支柱に誘引する際は茎やつるを傷つけないようにゆるく巻くのがポイント。

収穫

葉物野菜や葉を収穫するハーブは、必要な分をハサミで切り取って収穫を。株ごと収穫する場合は、株元から切り取るか株ごと抜くかして。トマトやナスなどの果菜類は、ヘタのつけ根から切り取って収穫すること。どのハーブや野菜でも適期を逃さず、よい状態で収穫して。

受粉

トマトやナスは風で花が揺れるだけで、ほぼ花粉が飛んで受粉しますが、実つきが悪い場合は人工授粉を。前日に雨が降っていない朝に、花と花をこすり合わせてみて。トマトは実つきをよくする専用のスプレー剤を使っても。キュウリは受粉しなくても果実ができるので、基本的には人工授粉は不要。

〈 Column 〉
II

ベランダで育てたハーブの楽しみ方

香り高いハーブにはさまざまな用途があります。特に自分で育てたハーブはフレッシュで香りもさわやか。すぐマネできる楽しみ方をご紹介します。

育てたハーブを使った ハーブティー

ハーブはお好みでよいですが、例えば、モヒートミントやレモンバーム、パイナップルミントなどを組み合わせると、フルーティーな香りのフレッシュミントティーに。ミント類は手のひらにのせて軽くたたいてから使うと、香りがよりアップします。

用意するもの

- お好みのハーブ
- お湯

作り方

1 育てたハーブをハサミで切って収穫

必要な分だけをハサミで切って収穫。ミントの場合は香りの強い先端部を切って。ハーブは切った部分から分枝し、新しい芽が伸びるため、結果的に長く収穫し続けることが可能に。

2 収穫したハーブを流水で洗う

1のハーブ類をさっと流水で洗う。あまり強く洗いすぎると、香りが飛んでしまうので注意。

3 ティーポットにハーブを入れてお湯を注ぐ

2のハーブは水気を軽くきってティーポットに入れる。そこに沸かしたてのお湯を注ぎ、7分以上蒸らす。その後、ティーカップに注ぐ。

ハーブ使いの達人による活用術

Chapter 1 に登場してくれたベランダガーデナーの
春日英子さん（@estar.margaret）のハーブライフをのぞき見！

**さわやかな香りの
ハーブウオーター**

スペアミントはオレンジと合わせて。レモンバームやグレープフルーツミント、ローズマリーをストロベリーと合わせて作ることも。リフレッシュしたいときの定番。

料理を本格味に格上げするハーブオイル

オレガノとローズマリー、ソサエティガーリック、タカノツメ、ニンニクをオリーブオイルにイン。どんな料理もプラスするだけで、味に深みが出ます！

**肉や魚料理に
好相性の
ハーブソルト**

乾燥させたバジルなどのハーブを岩塩とブレンド。これだけで香り高いハーブソルトが完成します。肉や魚のグリル料理、サラダなどに好相性。

**とれたての新鮮な
葉物野菜には
ハーブドレッシングを**

オリーブオイルとビネガーに乾燥させたお好みのハーブや塩・こしょうなどを入れて混ぜるだけ。ベランダでとれた葉物野菜にかけていただきます。

**癒やし効果バツグンの
ハーブバスソルト**

ハーブとピンクソルト、キャリアオイル、アロマオイルで作るバスソルト。乾燥させたラベンダーとローズを使いました。プレゼントにも最適。

ナチュラルなハーブ化粧水＆バーム

ローズゼラニウムのハーブチンキを活用し、化粧水とバームを手作り。ルームスプレーを作ることも。余計なものが入っていない安心感がいい♪

**トーストにマッチする
香り高いハーブバター**

常温にもどしたバターに刻んだフレッシュハーブ、すりおろしニンニク、塩・こしょうを加えて混ぜ、ラップに包んで棒状にしたら冷凍保存するだけ。

CLOS

welcome

CHAPTER 3

取り入れたいアイディアからギモン解決まで

ベランダ＆テラスをアップグレード

基本の道具やノウハウを押さえたら、
次はワンステージ上を目指し、理想の空間づくりを。
ここでは、雰囲気づくりのアイディアや
人気のガーデン雑貨をラインアップ！
さらに初心者が悩みがちなギモンにもお答えします。

Idea 1 +α ベランダ&テラス ガーデニングのアイディア集

工夫しだいで理想の空間をつくることは可能です。そこで、限られたスペースをおしゃれに有効に使うためのアイディアをお届け。

家具や小物で印象を変える

床や壁を大幅に施工しなくても、テーブル&チェアなどの家具やランタンなどの小物で雰囲気づくりを。"置くだけ"だから、手軽にチャレンジできます。

Case 1 雰囲気づくりでおしゃれ度UP

元々のベランダ&テラスが自分好みでなくても、あとから雰囲気チェンジはできます。そのためのアイデアをご紹介。

ブリキやアイアン素材がアンティーク感を演出

クレマチスなどを這わせたアーチにはブリキ風のウェルカムボードを。アイアン風オブジェなども配置し、アンティーク風な世界観を。(Sさん)

色もののテーブル&チェアをレイアウト

折り畳み式なら、ミニマムなスペースでもOK。カラーによって印象を簡単に変えられます。アイスブルー色なら、ナチュラルかわいい！(Sさん)

ライトの複数使いでこなれ感が生まれる

埋め込み式ライトや柵に備えつけた電球ライトにより、こなれた雰囲気に。人工的なライトは鉢植えで自然となじませると◎。(Iさん)

ウッドなどの素材でナチュラルな雰囲気に

ウッドチェアを置き、まわりにランタンを。バスケットの寄せ植えなどもプラスし、見せ場をつくれば、全体がおしゃれに。(ぴーちゃんさん)

テイスト&色使いでイメージチェンジ

「ナチュラル」「ガーリー」「モダン」などのテイストを決めてコーディネートしたり、色をじょうずに使ったりするのもおすすめ。

花の色みが映える モノトーンテイストに

チェアや鉢スタンドは黒などのモノトーンカラーをセレクト。そのため、花の華やかな色が映えつつも、大人な雰囲気を醸し出せています。(Oさん)

エリアごとに色を賢く活用

DIYした木製棚やウォールステッカーの色は“ブルー”で。一角ながら、色を統一&集中させることで、ギリシャのような雰囲気を彷彿とさせるベランダに。(Sさん)

グリーンで作る ワイルドガーデン

手を入れすぎないワイルドな雰囲気をテーマに、大物の植物や木々を配置。鉢も素焼きのものをセレクトし、甘さは排除しています。(ピクスタ提供)

さまざまな花を育てるなか、バラは1カ所に集めて。アプリコット&ヒューシャピンクがベランダ内でも目を引くポイントに。(ぴーちゃんさん)

※Chapter 1、過去の『園芸ガイド』掲載情報より再編集しています。

Case 2

小スペースを有効に使う

どんな面積のベランダ&テラスでも
工夫しだいで多くの植物を栽培可能です。
壁などをじょうずに使うことが決め手に。

ハンギングならスペースをフル活用

壁や天井に植物をつるして育てる方法が〝ハンギング〟。おしゃれな見た目になるのはもちろん、水はけがよくなり、根腐れしにくくなるというメリットも。

素材違いの鉢をハンギング

ベランダの腰壁にラティスフェンスなどを設置し、ハンギング。鉢もラタン（藤）やブリキ風をミックスして抜け感も演出して。（Sさん）

本格的なDIYなしでハンギングを実現

目隠しがわりに結束バンドで留めた“すのこ”をディスプレイ用の壁に。そこにS字フックで寄せ植えをハンギング。（Oさん）

物干しざお受けもじょうずに使えばハンギングが可能

三日月形のワイヤーバスケットの寄せ植えをハンギング。物干しざお受けにS字フックを引っ掛け、そこにバスケットをつるすだけ。取り外しも簡単です。（Oさん）

ラティスフェンスなどを設置しなくてもハンギングは簡単にかないます。例えば、物干しざお受けを利用すること。ここに、ステラの鉢などをつるして。（Oさん）

ウッド製のフェンスや柵も活躍

ベランダの腰壁だけでなく、建物の壁やエアコンの室外機なども工夫しだいで鉢置き場に。ただし、安全やマンション管理規約は必ず守って。

ウッド柵＆飾り棚には鉢植えや小物を置いて

建物の壁に設置した自作のウッド柵＆飾り棚には鉢や小物を。ジャストサイズや使いやすいデザインは手作りならでは！（細矢さん）

室外機カバー＆天板を賢く使って

エアコンの室外機には市販のウッド製カバーを取り付け。さらに同じ素材の天板は鉢植えやランタンなどの置き場所に。（ぴーちゃんさん）

手作りの棚には多肉植物や道具を

ベランダの腰壁にウッド柵を設置し、そこに多肉植物のディスプレイ用棚も取り付けて。どちらもにDIYで作ったもの。（Iさん）

塗装したすのこを立て掛けて作ったディスプレイ棚。ガーデニング道具は見せる収納で。（Iさん）

ウッドフェンスはつるす収納にも最適

目隠し＆西日よけのために設置したDIYのウッドフェンス。ガーデニングツールの“見せる収納”としても使えて便利です。（Sさん）

土などもスペースをじょうずに活用して収納

意外と置き場所に困る園芸道具や土など。でも、ひと工夫で景観をじゃますることなく、収納をかなえます。

ガーデンになじむカラーを選ぶのがポイント

肥料は手作りの棚、土は大型のゴミ箱へ。どちらもガーデンになじむアースカラーにして。おかげで、悪目立ちせず、ガーデンの空間になじんでいます。（Sさん）

柵などのスペースも効率よく使用

資材は奥の物置に収納。高頻度で使う剪定バサミなどはウッド柵に“見せる収納”を。どんなスペースも無駄なく使用しています。（Sさん）

Idea 2

ガーデニング雑貨を簡単DIY

既製品を買うのもいいけれど、自分でDIYするのも楽しいもの。
100円ショップでそろうアイテムを使って簡単に作れるものをご紹介します。

DIY_1

アンティーク風ペイント鉢

鉢全体をペイント+アンティーク感を演出

おしゃれなインテリアショップなどで見かけるアンティーク風の鉢。シャビーな色みや風合いのあるかすれ感が魅力です。そんな鉢を100円ショップの材料で簡単DIY！

用意するもの

- 素焼き鉢
- 麻ひも
- 好きな色の水性塗料（２色）
- ハケ
- メラミンスポンジ
- ハサミ
- 軍手
- 紙コップ
- 新聞紙などの紙

作り方

1

素焼き鉢の表面のほこりなどを落とし、ベースカラーの水性塗料をハケで塗る。この際、軍手をつけて。ペンキは使い捨ての紙コップに出すと、片づけがラク。

2

表面のほかに内側も塗料をハケで塗っていく。塗る範囲はフチから３cmほど下までを目安に。人目につかない鉢の底は塗る必要なし。

3

別の紙コップに出したもう１色の塗料をスポンジで少量とり、鉢の表面にトントンとたたく。ティシュペーパーで余分な分を落として、かすれ感を出す。

4

塗料が乾いたら、麻ひもを鉢のリム部分に巻きつけ、リボン結びを。お好みで、鉢の表面に転写シールやステンシルでポイントをつくるなどをしてもOK。

ワイヤー製ガーデンピック

鉢植えにさすだけで遊び心がプラスできる

ワイヤーは100円ショップで簡単に手に入るうえに、多少の雨ならぬれても問題ありません。ワイヤーの太さはペンチで扱いやすい直径1〜1.5㎜がおすすめ。

用意するもの

● ビニールコーティングワイヤー（好みの太さ）● ニッパー ● ラジオペンチ ● 軍手

DIY_2

作り方

1

ワイヤーを20㎝ほどの長さにニッパーで切る。大きめのピックを作りたければ、30〜40㎝ほどの長さにして。作業の際は、ケガ予防のために軍手をつけておくとよい。

2

1のワイヤーを好きな形に形づくる。ここではハートの形を。ワイヤーの上部7㎝くらいの場所をゆるく下向きに折り曲げ、ここを起点にワイヤーを上向きに折り曲げて。

3

折り曲げたワイヤーの先端をペンチで挟み、取っ手部分のほうに引き寄せる。勢いよく引き寄せずに、ゆっくりと少しずつ引き寄せるとハート部分の形がくずれにくい。

4

3で引き寄せたワイヤーの先端を取っ手のワイヤーに2、3周巻きつけ、最後につけ根をペンチで押しつぶす。これで飛び出したワイヤーの先端でケガをするのを回避。

5

出来上がり！

最後にハートの形をペンチで整える。同じような流れで、星やト音記号のモチーフも。ワイヤーはビニールコーティングタイプ以外にアルミやスチール素材のものを使っても。

Idea 3 身近なアイテムを鉢カバーに活用！

自宅にある空き缶や不要の雑貨も使い方しだいでおしゃれな鉢に変身します。

水はけにさえ気をつければ、問題なく利用可能。今すぐ取り入れられるアイデアをご提案します。

紅茶の缶

ココナッツ缶

ピッチャー

「使えるかな？」と考える時間も楽しみに！

専用の鉢を使わず、他のアイテムを利用する場合は"水はけ"に注意する必要があります。空き缶やプラスチック容器など、底に穴をあけられる素材の場合はキリで鉢穴を。そのあとは通常の鉢と同様に鉢底ネット→鉢底石→培養土の順に入れていきましょう。経年劣化でサビが目立つようになったら、植物への影響も考慮し、他の鉢などに植えかえを検討するのが安心です。鉢穴があけられない陶器のピッチャーやマグカップは鉢ではなく、鉢カバーとして利用を。根腐れを防ぐため、水やりは面倒でもいったん取り出してから行いましょう。最初から穴があいているバスケットやコーヒードリッパーは鉢カバーとして使ってみて。

バスケット

ブリキ缶

ステンレス
マグカップ

コーヒー
ドリッパー

ベランダ菜園のおしゃれ見え

**葉物野菜は
ユーズド感のある
ウッドボックスで**

古びた感じがすてきなウッド製のボックスやリンゴ箱は葉物野菜の栽培に◎。鉢底穴をあける＆底鉢石は忘れずに。

**自然素材の
ポットや袋を
鉢代わりに**

ジュートポットや麻袋でも野菜の栽培が可能。置くだけでベランダ＆テラスが簡単にナチュラルおしゃれにシフト。

プラスしたい ベランダ&テラス ガーデニング 雑貨

人気ショップのガーデニング雑貨をカテゴリー別に厳選してご紹介。ベランダ&テラスにプラスするだけで、ぐんとすてきな空間になったり、作業が効率的になったりと優秀アイテムばかりです。

※SHOP LISTは127ページにあります。

ガーデンオーナメント

遊び心のあるかわいいオーナメントが勢ぞろい！
お気に入りのモチーフを見つけて。

Ornament

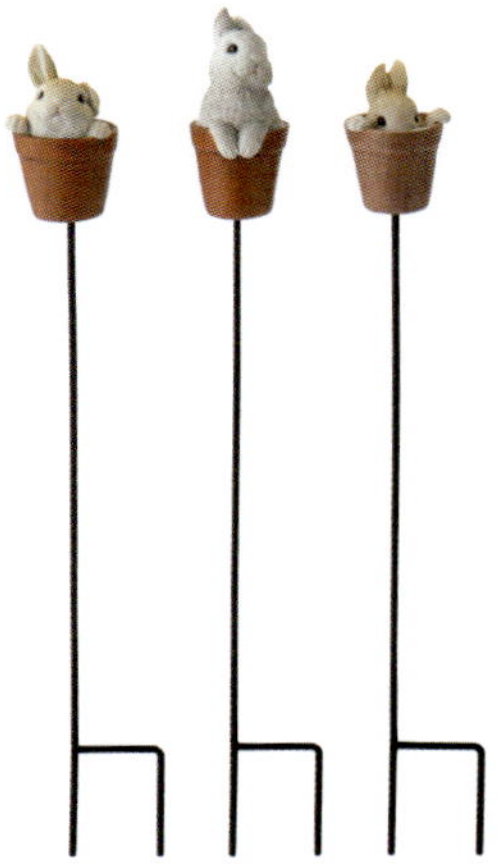

チャーミングなウサギのガーデンピック

ウサギが植木鉢からきょとんと見上げる表情に心が和みます。鉢やプランターにさせば、一気に楽しい雰囲気に。１本あたりの径約４〜５㎝×高さ37〜39㎝。鉢植えウサギのガーデンピック ３本組 3600円／ディノス

フレンチブルドッグのかわいいオーナメント

お座りと伏せの２タイプ。IWO2は幅15㎝×奥行き8㎝×高さ７㎝、イヌ IWO3は幅10.5㎝×奥行き8㎝×高さ13㎝。※人気商品のため、お取り寄せの可能性あり。オーナメント イヌ〈上〉IWO2、〈下〉IWO3 ともに599円／ニトリ

ティーポット型の蚊やり

おとぎ話に出てくるようなかわいい蚊やりは、オーナメントとしても大活躍します。冬はキャンドルやドライフラワーを飾るのもおすすめ。幅22㎝×奥行き16㎝×高さ18㎝。ティーパーティー蚊やり 3980円／ディノス

本物のような動きがあるウサギたちのオブジェ

協力して引っ張り上げようとしている姿は、ずっと見ていられるほど愛らしい♡　ガーデンのベンチなどにさりげなく飾って。幅25㎝×奥行き10㎝×高さ21㎝。段差に置ける！助け合いうさぎ 4980円／ディノス

植物に自由自在にくっつくホルダー

バタフライ、カエルともに色違いの２個セット。バタフライが幅9㎝×高さ7㎝、カエルが幅11.8㎝×高さ14㎝。植物ホルダー〈右〉バタフライ〈左〉カエル ともに330円／フライング タイガー コペンハーゲン

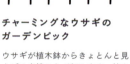

ガーデンライト

プラスするだけで
上級者のガーデンに変身！
夜も楽しくなること間違いなし。

light

**木の枝にかけられる
ドーナツ型ランプ**

心地いい光が広がる電池式テーブルランプは、真ん中に穴があいたデザイン。幅11㎝×高さ12㎝、光束６ルーメン。ソルヴィンデン テーブルランプ 799円／イケア

**ユーモアのある
フラワーハウスライト**

逆さになった花が屋根代わりのキュートなライト。明かりをつけると、窓からやさしい光があふれます。幅12.7㎝×奥行き11.3㎝×高さ21㎝。ソーラーライト フラワーハウス 2090円／フライングタイガー コペンハーゲン

**幻想的な光が魅力の
ガラス製ライト**

一粒のやさしい光がベランダやテラスを照らします。単品はもちろん、複数置きしてもすてき。幅７㎝×奥行き７㎝×高さ５㎝。LEDソーラーライト ピッコロ５ 四角柱形（ゴールド）999円／ニトリ

**懐かしさ漂うランタンは
コードレスな点が魅力**

ソーラーパネル＆USBで充電は十分。コードレスで気軽に持ち運べます。幅15㎝×奥行き11.7㎝×高さ35.5㎝。重さは約400gと軽量。ソーラーランタン（〈右から〉ブルーグレー、キャメル、ブラック、テラコッタ）すべて4980円／ディノス

**やわらかな光が空間を
彩るガーデンライト**

ライトが８個付いたガーランドライト。ベランダの腰壁やアーチなどに飾れば、夜はムーディーな雰囲気に。幅475㎝×奥行き44㎝×高さ6.7㎝。ソーラーライトガーランドカラー G01 1990円／ニトリ

持ち運びできるテーブルランプ

昼間に太陽光で充電し、夜になると自動点灯。ベランダ＆テラスのガーデンだけでなく、リラックスタイムのお供にも最適です。直径14㎝×高さ18㎝、光束７ルーメン。ソルヴィンデン テーブルランプ 1299円／イケア

**置き・さし・掛けが
楽しめるランタン型ライト**

炎のような明かりが魅力。ランタンは幅12.8㎝×奥行き14.5㎝×高さ21.5㎝。約16㎝の地中埋込み金具とスタンド用フレーム付き。スタンド時は全長30.5㎝、ハンギング時は高さ80㎝。炎のゆらぎ３ウエイソーラーライト 4890円／ディノス

**メッシュのボディから
放つ光が幻想的なライト**

ハンドル付きで、ベランダのフックなどに掛けることもできます。昼間に太陽光で充電し、夜に自動的に点灯するから経済的。幅16㎝×高さ29㎝、光束２ルーメン。ソルヴィンデン LED太陽電池ランタン 2999円／イケア

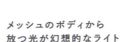

pot & planter

鉢＆プランター

スペースを有効活用できるスタンドなどのお役立ちアイテムも併せてピックアップ！

植物を寒さなどから守るカバー付きのプランター

ファスナー付きの半透明のカバーが太陽の光は通しつつ、植物を寒さなどからプロテクト。通気口付きなうえにプランター底に水抜き用の穴もあけられます。幅89cm×奥行き38cm×高さ91cm。アスパラン プラントセット 8999円／イケア

丈夫で軽いFRP樹脂製のプランター

イングリッシュガーデンにベストマッチの重厚感あふれるデザイン。横長M（手前から２番目）は幅約80cm×奥行き約32cm×高さ約33cm、容量約73ℓ。同シリーズで横長S、L、キューブ S、Lと形状＆サイズ違いもあり。ブリティッシュ調FRPプランター 横長M 3万4900円／ディノス

たくさんの鉢が置けるフラワースタンド

３段式だから、狭い場所でも多くの鉢が置けます。ポリプロピレン製で、軽量なのに丈夫なのも◎。耐荷重は１段あたり約８kgまで。幅90cm×奥行き54.5cm×高さ54cm。フラワースタンド ３段（ブラウン）2178円／島忠ホームズ

リアルな切り株モチーフのプランター

寄り添って甘える親子ウサギが心をなごませてくれます。プランターは幅38cm×奥行き37cm×高さ30cm、容量22ℓ。くっつきうさぎは約幅9cm×奥行き８cm×高さ7〜8cm。※単品販売もあり。切り株のプランター＆くっつきうさぎ２種セット 1万1280円／ディノス

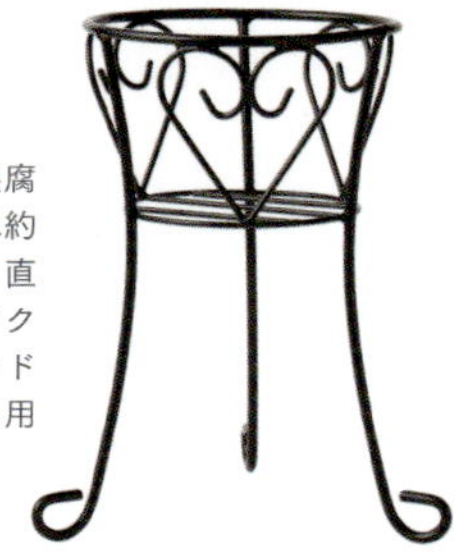

ハートがポイントのスチール製のスタンド

置くだけで水はけをよくし、根腐れ予防に効果を発揮。耐荷重は約20kg、鉢底サイズは17cmまで。直径34.5cm×高さ45cm、上部リンク内径25cm。プランタースタンド ハート ボール型・深鉢型兼用 1780円／島忠ホームズ

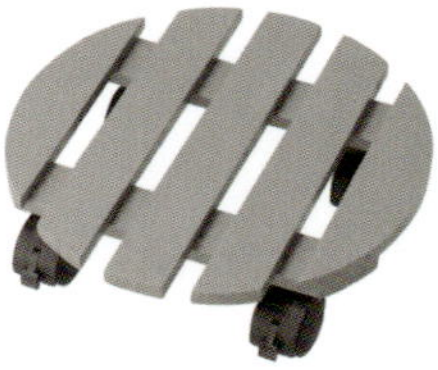

移動がラクなキャスター付きすのこ

キャスター付きの丸型すのこは、重い鉢を置いてもラクラク移動がかないます。ストッパー付きも高ポイント。耐荷重は約25kgまで。幅28cm×奥行き28cm×高さ8cm。キャスター付きパインすのこ マル 987円／島忠ホームズ

折り畳みができるパイン材のスタンド

鉢やプランターを自由に配置可能。使わないときはコンパクトに折り畳めて、場所をとりません。幅71cm×奥行き54cm×高さ140cm。棚板１枚あたりの耐荷重は約15kg。マンナアスク プラントスタンド ハンガー付き 7999円／イケア

高低差をつけた立体的なスタンド

高さ違いの３つのスタンドがひとつに。高低差のおかげで、どの植物も日当たりもよく！　全体の幅45cm×高さ58cm。棚板１枚あたりの耐荷重は約25kg。オリヴブラード プラントスタンド（ブラック）2999円／イケア

鉢底に貯水スペース付きの画期的なプランター

ポリプロピレン×ストーンパウダーで丈夫＆環境にやさしい！　直径16cm×高さ15.5cm。受け皿は別売り。アマブロ アートストーン プランターSS（〈右から〉グレー、テラコッタ、ブラウン、グレー、ブラック）すべて770円／トキラボ

狭い場所でも野菜を育てられるプランター

奥行き30cmだから、狭いスペースでも使用可能です。かがまずに立ったまま手入れができるのもGOOD。幅77cm×奥行き30cm×高さ80cm。菜園プランター スリムベジトラグ（ダークブラウン）1万5900円／ディノス

ガーデンツール

日々のお手入れが楽しくなる
デザインも機能性も
文句なしの優秀ツール。
ぜひ仲間入りさせて。

tool

デザイン性と実用性を兼ね備える秀逸ジョウロ

壁掛けフック付きなど、機能面も◎。幅61.6cm×奥行き13.4cm×高さ24.2cm。ロイヤル ガーデンズ クラブ スライドカバー付き ハンギング ジョーロ4L（〈手前から〉フォレストグリーン、ココアブラウン）ともに4400円／トキラボ

創業260年の英国メーカーのツール

ステンレス×天然木のソイルスコップと移植ゴテは全長約31.5cm、ハンドフォークは全長約28.5cm。スピア＆ジャクソン〈右から〉ハンドツール ソイルスコップ 3960円、移植ごて、ハンドフォーク すべて2530円／トキラボ

**野菜や苗の
持ち運びに便利な
ガーデントラグ**

ガーデンで収穫した野菜や苗などの運搬に便利。排水穴があいているため、野菜などを入れたまま洗うことも可能。本体は幅55cm×奥行き31cm×高さ12cm、取っ手は高さ20cm。英国ガーランド社 ガーデントラグ 4980円／ディノス

**景観になじむ
シンプルなジョウロ**

シンプル設計で使いがっても間違いなし。ベランダ＆テラスで悪目立ちしないシルバーカラーも人気の理由です。サビに強いスチール製。高さ24cm、容量2.5ℓ。オーケルベール じょうろ 799円／イケア

**プロからも
愛されるドイツの
摘果芽切りバサミ**

先端部分が細く尖っていて、野菜や果物などが収穫しやすい設計です。安全に保管、持ち運びができる保護キャップ付きもうれしいポイント。全長約15.9cm。ガルデナ 摘果芽切はさみ 3300円／ディノス

**快適さも兼ね備えた
機能美あふれるグローブ**

人間工学に基づき手の構造を徹底的に追求し、長時間の着用でも疲れにくいフォルム。Mのほかにサイズ、Lサイズもあり。カラーは全８色展開。日本野鳥の会 ガーデングローブ M（シマアオジイエロー）880円／トキラボ

**大人かわいい配色の
ブリキ製ジョウロ**

アイボリー×ゴールドの組み合わせは、ナチュラルやアンティークテイストのガーデンに最適。大きな取っ手で持ちやすい点や耐久性が高い点も人気の理由です。幅41cm×奥行き18.3cm×高さ26.6cm。ブリキじょうろ ３Lアイボリー 1480円／島忠ホームズ

植物を傷めない絹糸シャワーのホースリール

手を汚さずにホースを巻き取ります。幅15cm×奥行き32cm×高さ30cm、ホース20m。ロイヤル ガーデンズ クラブ コンパクトガーデンリールⅡ 20cm（カカオレッド、ティーグリーン、グリーン、レイクブルー、ブラウン）1万5400円／トキラボ

〈 Column 〉

III

ベランダで育てた花の楽しみ方

ベランダで愛情をかけて育てた花はそのまま見るのもいいけれど、部屋の中に飾るのも楽しいもの。Chapter1に登場した3人のガーデナーたちにそんな楽しみ方を見せてもらいました。

サツマイモのつる&花を使ってリースに

ベランダ菜園で育てたサツマイモのつるはしっかり乾燥させて、ぐるぐると巻いてリースの土台に。そこにバランスよくドライの花やユーカリの葉、ドライオレンジなどをレイアウト。(稲川さん)

ピンクトーンの花で空間がパッと明るく

バラやセンニチコウなど、ピンクトーンの花をベランダから摘み、ガラスの花瓶に。それをテーブル上に配置すると、部屋全体が一気に華やかかつ明るく一変します。(稲川さん)

バラは部屋の中で散りゆく姿まで楽しみたい!

黄色のバラをメインにアンティークのピッチャーにいけて。バラは花びらが散る姿さえも美しく、毎日見ていても飽きません。(杉本さん)

キャンドルを彩り豊かな花でデコレートして

ベランダで育てた草花をアンティークの器にさして、真ん中にキャンドルをレイアウト。季節で並べる花を変えれば、そのつど違う印象が楽しめます。（細矢さん）

バスケット入りなら寄せ植えも手軽に飾れる

アネモネやネメシアなどの寄せ植えもバスケット入りなら、そのまま部屋に持ち運んで飾れます。部屋で楽しんだあとは再び、ベランダへ。（細矢さん）

ビオラなどの小花はガラス瓶にラフに飾る

ビオラやカモミールなどはガラス瓶に飾って。決めすぎない無造作風がポイント。花のおかげでティータイムがよりハッピーになります♪（細矢さん）

みんなのギモンを解決！

ベランダ&テラス ガーデニング Q&A

経験のある人にとっては簡単なことでも、初心者ガーデナーにとっては深刻にとらえてしまうことも。ここでは、さまざまな疑問やお悩みを一挙解決します。

※SHOP LISTは127ページにあります。

Q1 これまで何度も花を枯らした経験が。そんな自分でも育てられる花はありますか？

A1 夏の暑さや乾燥に強いペチュニアや多肉植物を

春から秋にかけて長く楽しめる花といえば、ペチュニア。雨や多湿には弱い節があるものの、夏の暑さや乾燥に強いため、比較的育てやすい植物です。水分をため込む性質がある多肉植物も頻繁な水やりが不要なので、水やりを忘れがちな人や初心者におすすめ。

Q2 北向きのベランダで日当たりが悪いです。ガーデニングは難しい？

A2 諦めるのはもったいない！日陰でも育つ植物を選んで

北向きのベランダは一日中ほとんど日が当たらないので、植物選びを入念に。向いている花はインパチェンスやクリスマスローズ、野菜はミツバやミョウガなど。日陰で育ちやすい、暑さと乾燥が苦手という特性があるものが理想です。コケの育成も◎。

Q3 プランターの植物が横に広がる&倒れがち。何かよい対策はないものか…。

A3 プランツサポートを使えば簡単に植物を守ることが可能

丈があったり、大きな葉が多くついていたりする植物は横に広がり、場合によっては倒れてしまうことも。そこで利用したいのが、プランツサポートやリング式支柱などのお助けグッズ。土にサッとさすだけで、植物が横に広がったり、倒れたりするのを回避します。

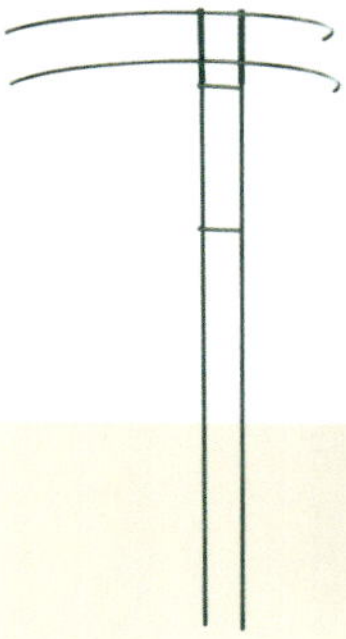

定植したてのバラや広がりがちな草花が倒れないよう、土にさしてサポート。半円形の上部でやさしく支える。幅22cm×奥行き7cm、高さ50cm（地中埋め込み部分25cm）。色はブラックもあり。プランツサポート ミニ 同色７本組（グリーン）4731円／ディノス

Q4 ベランダの避難ハッチが目立ちます。簡単にカバーできますか？

A4 すぐに取り外せる麻布やパネルで覆って

集合住宅のベランダにある緊急時避難ハッチ。簡単にいうと、避難器具です。火事などのいざというときに備え、完全にふさぐのはNG。そこでおすすめなのが、麻布やパネルを置いて目隠しすること。避難ハッチ使用時もすぐに取り外せるのがポイントです。

Q5 エアコンの室外機を目隠ししたい！　でも、DIYは苦手です…

A5 DIYが苦手な人は市販の室外機カバーを

室外機に専用カバーを取り付けるのがおすすめ。デザインはもちろん、ウッド製やアイアン製など、さまざまな素材のものがあります。室外機をすっぽり覆わない、排気口をしっかり確保するなど、機能面でも安全なものを選ぶようにしましょう。

アイアンのボディにブルーガラスがポイント。鉢などが置ける棚、さらには取り外し可能な引っ掛けるタイプの飾り棚が２個も付き、室外機の上のスペースを有効活用できます。幅90.5cm×奥行き43cm、高さ141cm。ガラスのアイアン室外機カバー 2万9800円／ディノス

Q6 植物が病気にかかったみたい。その部分だけ切ればOKですか？

A6 基本的には患部の切り戻しを。病気によっては薬剤散布が必要

病害虫の発生や増殖を防ぐためには切り戻しを。切り戻し前には、ハサミを消毒して切り口から病気に感染させないように。うどんこ病が発生した場合は患部を切り除き、さらに抗菌剤や殺菌剤を散布。切り落とした葉は胞子が飛ばないよう、ゴミ袋に入れて捨てて。

Q7 鉢やプランターの土に白カビが生えました。何が原因ですか？

A7 水や肥料の与えすぎによる根腐れなどが原因かも

土に白カビが生える原因は、水や肥料を与えすぎて根腐れしたことなどが考えられます。また、うどんこ病や灰色かび病、白絹病などの病気の発生も心配。鉢やプランターの土に白カビが発生してしまったら、屋外の風通しのよい場所に移動させ、付着箇所を取り除き、土が過湿の場合はよく乾かすことが重要です。

Q8 室内で育てている観葉植物をベランダに移動したい。問題ありませんか？

A8 観葉植物の種類によっては室内からベランダへの育成環境の変化もOK

観葉植物は種類によっては、春から秋はベランダで育てることができます。例えば、シマトネリコやオリーブ、ガジュマル、モンステラ、アイビーなど。受け皿の水をためっぱなしにしない、室外機の風に当てない、夏は輻射熱に注意するなどは守りましょう。

Q 9 長期間の旅行に行く際は、植物の水やりができない。どうしたらいいですか？

A 9 便利な水やりグッズを使って留守を乗りきって

乾燥を嫌う植物にとっては、水やりは不可欠。そのため、どうしても自宅を留守にする場合は家族などに水やりを頼むか、便利な水やりグッズを利用してみましょう。鉢植えの花や観葉植物に自動で水やりができる自動給水器もあるので、ぜひじょうずに頼ってみて。

ペットボトルの水をサイフォンの原理で自然に吸い上げ、毛細管現象で、鉢の植物に給水してくれる。1日の給水量は約200～300㎖。幅3.3㎝×奥行き3.3㎝、高さ11.2㎝。ホースの長さ約80㎝。マルハチ産業 水やり当番 Mサイズ 602円／ジョイフル本田

/

Q 10 隣人から「肥料のにおいがくさい」とクレームが。においがしにくいおすすめの肥料はありますか？

A 10 集合住宅の場合ならにおいがあまり気にならない化成肥料を

「有機質肥料（有機肥料）」は動物性・植物性の有機物から作られた肥料。油かすや骨粉、鶏ふんなどが使われています。「化成肥料」は化学的に作られた肥料で、複数の成分がバランスよく配合されているものも多く、使いがってがよいうえににおいも少なめ。近所への配慮からも化成肥料がおすすめです。

Q 11 室外機の上や目の前に花や野菜をレイアウト。問題ないですか？

A 11 室外機&植物のどちらにとっても問題があるので避けるべし

鉢やプランターを室外機の上に置くと、室外機にサビや汚れができてしまうことが。ときには、放熱に支障をきたす恐れもあります。また、室外機の目の前に置くと、熱風や乾燥によって植物が傷む可能性も。室外機からはある程度離して置きましょう。置き場所がなければ、ラックなどをじょうずに活用して。

/

Q 12 花や野菜を栽培した鉢やプランターの土、再利用可能ですか？

A 12 手間を惜しまないなら再利用の選択もあり！

土は何回か繰り返し利用できますが、その際は土の中のゴミや根を取り除いたり、消毒をしたりするなど、再生のための作業が必須。ちなみに同じ科の作物を連作すると病原菌やウイルスに汚染したり、保水性や排水性が損なわれたりする場合があります。そのため、基本的には過剰な回数の再利用は控えて。

/

Q 13 使い終わった土を破棄したいです。どうしたらいいですか？

A 13 自治体に問い合わせてルールに従うように

お住まいの地域のルールにのっとって対処する必要があります。そのため、まずは自治体にお問い合わせを。なかには、燃えないゴミとして処分してもらえる場合もあれば、その逆もしかり。引き取ってもらえない場合は引き取り可能な専門業者やホームセンターを探して。公園などにかってに捨てることは厳禁です。

Q14 株が鉢いっぱいに&元気がないのを解消するには？

A14 株を若返らすためにも株分けなどがおすすめ

多年草などの株を根元から分けて2～3株にする“株分け”をすると、鉢の中の根詰まりを解消でき、根が活性化される可能性があります。ほかにも、鉢土を新しくする“土がえ”や1～2回り大きな鉢に植えかえる“鉢増し”などを行うと、株が元気に育ちやすくなります。

Q15 夜にもベランダガーデニングを楽しむアイデアはありますか？

A15 夜は照明を駆使して昼間と違う表情を楽しんで

ソーラーライトやLEDライトなどの照明をセッティングし、夜ならではの空間を楽しんでみては？　ガーデンチェアなどを置き、リラックスタイムを満喫するのにもってこいです。具体例として、Chapter 1 に登場したガーデナーたちの夜のベランダをご紹介。ぜひ参考にして。

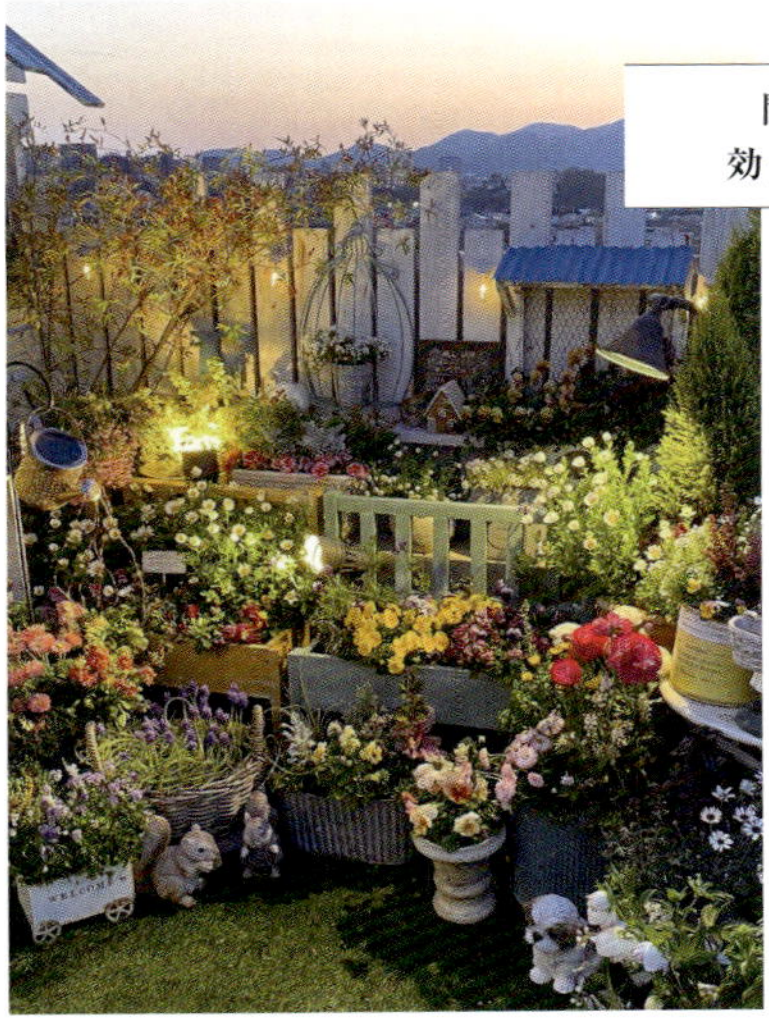

間接照明で花を効果的にライトアップ

高低差をつけて美しく陳列された花を夜でも観賞できるよう、間接照明を部分的に配置。柵にもDIYで電球タイプのライトをつけて。（Rikaさん）

ガーランドライトでロマンチックなムードに

バラ用のアーチにはガーランドライトをつけて。ほかにもバランスよくデザイン違いのライトをレイアウトし、魅せるベランダに。（稲川さん）

気分がリラックスする適度な明るさを実現

電球タイプのライトをつり下げ、テーブルの上にはランタンを。厳選して数を絞ることで、明るすぎず、ほんのり明るい雰囲気に。（ぴーちゃんさん）

全国の行ってみたい 園芸SHOP

**最新の苗はもちろん、園芸をスタートするのに必要なものがそろうおしゃれな園芸店をご紹介。
気になるお店をぜひチェックしてみてください。**

| 東京 |

グリーンギャラリーガーデンズ
八王子本店

非日常の景色の中で植物のコーディネートを楽しむ

1300坪の敷地に花苗、植木、観葉植物をはじめ、世界中から取りそろえられた緑をすてきにコーディネートする植木鉢や雑貨などが並ぶ。産直の新鮮素材にこだわったマルシェやカフェも併設され、1日楽しめる。

HP：https://www.gg-gardens.com　インスタグラム：@g.g.gardens

1.個性的な顔ぶれの観葉植物、植木も常時人気の品種を実際に見てセレクトできる。2.バイヤーが厳しい目で選んだ季節の花苗。3.旬の花材や花瓶がそろい、その場でアレンジや寄せ植えのオーダーもできる。

| 東京 |

プロトリーフ
二子玉川本店

**二子玉川駅からすぐの
屋上庭園に広がる
大型園芸ショップ**

玉川髙島屋S・C本館屋上に広がる開放的な植物売り場が魅力。「育てるを楽しむ」をコンセプトに、季節の草花から観葉植物、多肉植物、珍奇植物まで、ここでしか買えない植物がそろう。培養士メーカーの直営店なので資材も充実。

HP：https://www.protoleaf.com　インスタグラム：@protoleaf.shop_futakotamagawa

1.バラ、観葉植物、多肉植物、寄せ植えなど、それぞれの分野の専門スタッフが商品を厳選。2.屋外庭園に溶け込むように広がる花苗売り場。3.人気やトレンドを押さえたラインアップ。

| 埼玉 |

フローラ
黒田園芸

**YouTube、インスタを見て
全国から訪れるファンが多数！**

花壇や鉢植え、寄せ植えなどで使いやすい花苗などの植物を販売。毎週木曜日に配信しているYouTubeチャンネル「フローラ黒田園芸 ガーデニングチャンネル」では、実際に花壇の植えかえや寄せ植えの作り方を配信中。

HP：https://o6m8c.crayonsite.info　インスタグラム：@florakurodaengei_staff

1.人気園芸店ながら、地域の人たちに愛されるオープンな雰囲気で立ち寄りやすい。2.抜群のコーディネートセンスで集められた雑貨たち。3.屋外にはお手本になるような、花壇や寄せ植えをディスプレー。

| 福岡 |

元気で活きのいい植物＆マルシェ
オニヅカ

**想像力をかき立てるような
提案型の園芸ショップ**

大型ハウスでの屋外に近い自然光の店舗は開放感が抜群。販売するだけでなく、実際に作ってみたくなるような寄せ植えの見本鉢も陳列。寄せ植え名人である店長のYouTubeチャンネル「オニちゃんねる」も人気。

HP：http://onidukabiosystem.co.jp/shop　インスタグラム：@ecomarcheoniduka

1.自社生産で質のいい花苗や野菜苗、園芸用品・雑貨まで幅広く取りそろえる九州の有名園芸店。2.ワークショップなどのイベントもあり、家族連れでの来店も多い。3実際に作ってみたくなるようなクオリティーの高い見本鉢を展示。

| 岡山 |

チェルズグリーン

**インスタグラムでの
おしゃれな寄せ植えが
話題のショップ**

生産者の元に直接出向き話を伺うことで、季節の花苗や植木類のより状態のよい苗、珍しい苗がそろう。初心者はもちろん、ガーデニング好きがワクワクするような店づくりをテーマにした店内が特徴。

HP：https://chelsgreen.thebase.in
インスタグラム：@chels_green8

1.併設する雑貨店の入り口に位置するかわいい店舗。インスタグラムでは寄せ植えのアイディアを発信中。2.コンパクトな場所でも楽しめる、センスのいい小さな花苗が見つかる。

| 東京 |

グリーンホビー

**かわいらしい店舗と
センスのいい
ラインアップが人気**

「植物好きにうれしい品ぞろえと価格」で、地元はもちろん、各地から定期的に訪れるリピーターが多い園芸店。特にクリスマスローズの苗の品ぞろえの多さは必見。細やかで丁寧な接客も人気の理由。

HP：http://www.greenhobby.co.jp
インスタグラム：@ken.takenaka.chofu

1.花苗・寄せ植えを中心に、店内にはセレクトされたガーデニンググッズがそろう。2.豊富なクリスマスローズ、ビオラを目当てに訪れる全国のファンも多い。

| 東京 |

オザキフラワーパーク

**ユニークな植物が
生い茂る都内最大級の
「買える植物園」**

“Feel the Power of Plants”(感じよう！　植物の力！)をスローガンに、花苗・観葉植物をはじめとしたあらゆる植物の販売、ワークショップ・講習会などのイベントを開催。園芸用品コーナー、アクアリウムコーナーも充実。

HP：https://ozaki-flowerpark.co.jp
インスタグラム：@ozakiflowerpark

1.まるで植物園かと見間違うほどの広大な店内には、首都圏最大級のスケールと品数の植物が並ぶ。屋外にある「Outdoor Garden」には野菜の苗から庭用品がそろう。2.品ぞろえはもちろん、品質管理も徹底。

| 神奈川 |

ルーシーグレイ

**まるで海外のよう！
雰囲気あふれるシックで
おしゃれな園芸店**

「植物とともに暮らす」をコンセプトに、宿根草や山野草、シックな花色に限定した花苗を取り扱っている。店内外には小さな空間でもマネできそうなセンスのいいコーディネートがたくさんあり、見るだけでも楽しめる。

HP：http://www.lucygraywebsite.sakura.ne.jp/wp
インスタグラム：@lucygray6565

1.生産農家ならではの質のいい花苗がそろう。ナチュラルガーデンで活躍するリーフや山野草も豊富。2.丁寧に手入れされた敷地内のガーデンには、見どころがたくさん。

| 東京 |

ガーデンショップティーガーデン

**花や緑に360度囲まれた
癒やし空間のガーデンショップ**

造園設計施工管理を行う「立川造園」の入り口に位置する「Gardenshop T-Garden」。季節の花苗はもちろん、珍しい樹木や美しいカラーリーフが豊富。季節のディスプレーや寄せ植えをとおして、植物のある暮らしを提案している。

HP：https://www.t-garden-hana.com　インスタグラム：@tgarden2016

1.おしゃれなガーデニング雑貨も手に入る。コミュニケーションを第一に、園芸教室も開催。2.建物の2階にはカフェがあり、季節の風が感じられるテラス席も人気。

おわりに…

限られたスペースだからこそ、
理想の空間をつくりやすい
ベランダ＆テラスガーデニング。
「いつか庭のある家に住んだら」
「将来、年を重ねるまでおあずけ」
なんて思っていた方もきっと、
挑戦してみる気になったのでは？
ガーデニングはいくら知識を得て、
経験を重ねても、思いがけずに
植物を枯らしてしまうことがあります。
初心者ならなおさらでしょう。
でも、1回の失敗で諦めるのは
もったいない！　いい意味で
一喜一憂せず、おおらかな気持ちで
気長に楽しみましょう。

SHOP LIST

アンフィル	https://unfil-inc.com
イケア	https://www.ikea.com/jp/ja
島忠ホームズ	https://www.shimachu.co.jp
ジョイフル本田	https://www.joyfulhonda.com
ディノス	https://www.dinos.co.jp
トキラボ	https://www.nissei-web.co.jp
ニトリ	https://www.nitori-net.jp
フライング タイガー コペンハーゲン	https://blog.jp.flyingtiger.com
プロトリーフ	https://www.protoleaf.co.jp
マービン&ソンズ	https://ymwalts.com
メイデン・カンパニー	https://maiden.jp
リーミルズ エージェンシー	https://www.johnsmedley.jp

COSTUME CREDIT

【P.15、20】
ニット 3万5200円／アンフィル　パンツ 4万6200円／ワイエムウォルツ（マービン&ソンズ）　タンクトップ／スタイリスト私物

【P.17、19】
カーディガン 5万600円／ジョン スメドレー（リーミルズ エージェンシー）
ワンピース 7万400円／ワイエムウォルツ（マービン&ソンズ）　パンツ 4万2900円／アンフィル　サボ 3万3000円／ボサボ（メイデン・カンパニー）

※価格はすべて2025年3月現在の税込み表記のものです。店舗によってはお取り扱いがない、または在庫がない場合がございます。また、予告なしに販売終了の場合もございます。オンラインショッピングでご購入の場合、送料などは各ショップにご確認ください。

STAFF

デザイン	澤田 由起子 (ARENSKI)
撮影	黒澤俊宏 (p.6~13)、佐山裕子 (主婦の友社／p.14~21)、 柴田和宣 (主婦の友社／p.60-61、72~77、79~81、86~87、110~113)
スタイリスト	村田愛実 (p.14~21)
ヘアメイク	高松由佳 (p.14~21)
撮影協力	プロトリーフ二子玉川本店
写真提供	iStock、ピクスタ
イラスト	上坂 じゅりこ (p.64~65、82~85、86~89)
校正	大塚美紀 (聚珍社)
DTP	上村仕之、齋藤 新、辰巳陽子、渡辺季子 (C-パブリッシングサービス)
編集・ライティング	濱田恵理、村上 歩 (p.124-125)
編集担当	亀田真弓 (主婦の友社)

※本書p.88~89、94~102は『おうちでとれたて！ ハーブと野菜（電子版）』（主婦の友社）を一部流用、再編集して掲載しております。
※本書は『園芸ガイド2023夏号』ベランダガーデン企画の情報を一部流用、再編集し掲載しております。

ベランダ&テラスガーデニング

2025年4月30日　第1刷発行

編　者　主婦の友社
発行者　大宮敏靖
発行所　株式会社主婦の友社
〒141-0021　東京都品川区上大崎3-1-1　目黒セントラルスクエア
電話　03-5280-7537（内容・不良品等のお問い合わせ）
049-259-1236（販売）
印刷所　大日本印刷株式会社

ISBN 978-4-07-461474-5

■本のご注文は、お近くの書店または主婦の友社コールセンター（電話0120-916-892）まで。
※お問い合わせ受付時間
月～金（祝日を除く）　10:00～16:00
※個人のお客さまからのよくある質問のご案内
https://shufunotomo.co.jp/faq/